ET CES GAMINS ENTERRÉS ?

Dépôt légal : 2015
Bibliothèque et Archives nationales du Québec
Bibliothèque et Archives Canada
© Editions de l'Érablière
C.P. 8886, succ. Centre-ville
Québec, Canada (H3C 3P8)
Droits de traduction et de reproduction réservés pour tous les pays.
Toute reproduction, même partielle, de cet ouvrage est interdite
ISBN 9782981497710

AMULI KIZITO

ET CES GAMINS ENTERRÉS ?

ÉDITIONS DE L'ÉRABLIERE

PREFACE

« Ces gamins enterrés » évoquent avec réalisme et profondeur la tragédie que traversent certaines populations de l'Est du Congo pour survivre à la pauvreté et à la misère. Car c'est bien une tragédie que vivent au quotidien certains habitants des Provinces de l'Est. À travers ce qu'ils subissent comme souffrance et comme humiliation, ils essaient de survivre, malgré les traumatismes dont certains ne se remettent jamais. Ce récit condense une diversité de situations douloureuses que vivent un grand nombre d'habitants des campagnes et des quartiers populaires des grandes villes. La lucidité et la condensation du récit le rendent forcément inquiétant par l'accumulation des drames que traverse le héros. Pourtant, toutes ces réalités sont bien présentes dans le quotidien de cette région. Que ce soit l'attaque des villages par des « hommes armés non autrement identifiés », accompagnée du viol et de la mutilation des femmes, de l'enlèvement des jeunes filles comme esclaves, du pillage systématique de tous les biens de la population. Que ce soit les abus des forces de l'ordre, les réseaux maffieux de commerce illégal de minerais grâce à de multiples complicités, l'enrôlement des enfants dans les milices ou dans les puits de mine qui deviennent leur dernière demeure. Tout cela est évoqué chaque jour dans les médias et les rapports des ONG ou de l'ONU. Ceux qui vivent dans cette région se reconnaîtront sans mal dans cette douloureuse aventure.

Mais cet ouvrage n'est pas que descriptif, car l'auteur s'efforce de tirer des leçons de ces tragédies quotidiennes en évoquant les grands enjeux qui concernent l'avenir des nations africaines aujourd'hui. Car ce qui se passe dans cette région exprime à un degré presque insupportable ce qu'on peut rencontrer dans de nombreuses autres régions d'Afrique, surtout dans les Grands Lacs. En fustigeant les abus de ses concitoyens, l'auteur évoque la responsabilité qui incombe à tous les Africains qui veulent vivre dans la dignité et le respect du bien commun plutôt que dans le pillage et le mépris de leurs propres frères comme le font certaines élites corrompues.

Il ne faut pas refermer ce livre en en restant à un sentiment de désespoir. Il faut se tourner vers l'avenir. Il est nécessaire que chacune et chacun — Africains, expatriés, décideurs économiques et politiques, membres du clergé, intellectuels — s'interroge sur sa part de responsabilité et de complicité avec ces antivaleurs et ce mal dominant, ne fût-ce que par la passivité et la peur. Que cet ouvrage courageux soit pour tous l'occasion d'un examen de conscience en vérité, sans chercher de justifications honteuses.

Osons l'espérance.

Père Bernard Ugeux

ENFIN !

Il faisait très chaud, j'avais faim et j'étais très fatigué. J'avais marché depuis le centre-ville jusqu'à Bagira. Je transpirais fortement. Il fallait précipiter les pas pour aller me reposer à la maison. Les contacts de la ville n'ont pas été fructueux, j'étais même incapable de me payer une course en bus. J'entendis quelqu'un siffler derrière moi. Je me retournai. C'était un signe de ralliement entre nous. J'aperçus Kalamo, Batonda et Wawe avec d'autres jeunes gens que je n'avais pas pu identifier. Ils avançaient comme une armée rangée pour la bataille. Plus ils approchaient, plus je les dévisageais tous. C'étaient des camarades d'université. Notre faculté avait affiché les résultats de nos travaux et j'avais satisfait avec soixante-six pour cent. C'était la bonne nouvelle qui avait chassé la faim, la fatigue et la déception que j'avais par rapport à mes contacts de la ville. J'ai bondi de joie, j'ai dansé, les autres m'ont imité, nous avons crié de joie pour marquer notre réussite. Une collègue a sorti sa boîte à poudre et l'a jetée sur nos têtes, en signe de joie, de victoire et de succès. Nous avons couru dans toutes les rues de Bagira tellement nous étions heureux.

Nous sommes allés chez Tantine « Gros Bébé » où nous avons commandé de la bière. Le camarade Diego a alors pris la parole. Nous l'écoutions religieusement.

« Chers camarades, dit-il, nous venons d'achever nos études aujourd'hui, nous devenons collègues à ces assistants qui nous cassaient les pieds avec la corruption et les intimidations. Restons unis et soudés comme nous l'étions à l'université. Une autre étape de la vie commence, c'est celle de la rédaction des demandes d'emploi. Dieu seul sait quand elle prendra fin pour chacun de nous. Bonne chance à tous. »

Nous avons applaudi, brandissant nos verres. On parlait de tout et de rien. Nous étions convaincus que cette réussite académique était la clé de toutes les réussites de la vie. Le chemin de la vie nous était ouvert. Tout était possible. Nous étions le centre du monde. Maternelle, primaire, secondaire, finalement université. Quelle prouesse ! Les uns se voyaient déjà ministres, les autres encore honorables députés, magistrats...

J'ai regardé sur ma montre. Il était 23 h. J'étais très fatigué et un peu soûl. Nous nous sommes quittés en nous embrassant en jubilant notre réussite. Une fois à la maison, je me suis immédiatement jeté au lit sans même avoir eu le temps de me déchausser. Malgré la fatigue de cette journée inoubliable de ma vie, je n'arrivais pas à fermer l'œil. J'ai passé en revue toute mon histoire personnelle et mon périple scolaire.

Il y a plus de 15 ans, ma mère qui n'a pas obtenu son certificat du primaire appuyait ma touche sur l'ardoise pour m'apprendre à écrire les lettres de l'alphabet. C'est donc aussi sa réussite aujourd'hui, celle de toute la famille.

Je me souviens de certains de mes collègues qui entretenaient tout un réseau de tricheurs en classe. À chaque évaluation, interrogation ou examen, ils s'organisaient pour écrire des bouts de papier dont ils se servaient pour répondre aux questionnaires. Certains écrivaient entre les habits tout un syllabus, d'autres sur leurs ceintures. Il y en a même qui infiltraient les notes des cours dans leurs chemises enfilées et s'en servaient pour répondre à l'examen. On les entendait se vanter de leurs astuces réussies à la fin de l'examen. Ils se moquaient de nous qui étions même incapables de souffler une réponse à un ami en difficulté. « Pensez-vous que vous réussirez seuls ? Pensez-vous que distinguer est un gage d'emploi ? Les études comptent moins. Apprenez aussi à être généreux... » Ils passaient leur temps à consommer la bière et à se gaver de nouvelles chansons de la musique congolaise sorties sur le marché. Ils connaissaient tous les musiciens. Ils connaissaient toutes leurs chansons par cœur. Ils commentaient les concerts à longueur de journée. Malheur à ceux qui venaient parler des cours. Ils subissaient une volée de bois vert...

Je pensais à beaucoup de choses. En plus du passé, je regardais vers l'avenir. Qu'est-ce que je ferai maintenant que les études sont finies ? Ayant terminé en sociologie, je devais servir notre société en crise. Je devrais être politicien, ministre, député... Je me voyais à la tête d'une grande ONG coordonnant les affaires humanitaires. Je pouvais aussi diriger une grande entreprise de l'Etat ou privée. Vraiment j'étais tout. Je pensais construire une grande villa dans le quartier chic de Muhumba au bord du lac Kivu. J'achèterai un quatre-roues-motrices dernier cri, de marque japonaise. J'étais plein d'espoir pour l'avenir. Il était entretemps difficile pour moi de dormir. C'est pendant ces rêveries d'un jeune exalté que l'idée me vint à l'esprit que toute ma famille ne connaissait encore rien de ma réussite. Je programmais une descente à Mugogo mon village natal pour partager ma joie avec toute la famille.

LA FÊTE ENDEUILLÉE

La famille était réunie autour de moi. Mes sœurs et frères habillés comme pour un mariage chantaient et dansaient, heureux. L'apothéose fut atteinte lorsque Papa tint Maman par la main pour exécuter une danse traditionnelle. Tous les invités se levèrent pour les entourer. Ce fut une joie sans précédent.

Puis le silence se fit. Papa s'avança pour parler. Il s'éclaircit la gorge pour attirer l'attention de tous.

« Igulu mon fils, lança-t-il. Tu m'as honoré. Quand j'ai épousé ta mère que voici, je tenais à tout prix à donner au monde un fils digne qui contribuera au progrès de l'humanité et qui perpétuerait l'honneur du nom familial. Mon feu papa, ton grand-père m'avait dit que le seul cadeau qu'on peut donner à un enfant c'est de le faire étudier. Par rapport à toi, j'ai accompli ma mission. À ton tour, fais comme moi. Ne t'écarte pas de cette éducation que tu as reçue de moi. Prends soin de tes frères et sœurs. Protège le patrimoine familial. Travaille sans te fatiguer, il n'existe pas de vie facile. La vie est une lutte de chaque jour. Le travail te rendra libre. Gagne ton pain à la sueur de ton front. La vie est faite de beaucoup d'obstacles, n'aie pas peur de les affronter, il faut les vaincre loyalement. Ne t'enrichis jamais frauduleusement ou au prix de sang des innocents. Soit un homme de paix et de réconciliation. Ne sois pas seulement naïf, il faut savoir t'indigner quand tu es lésé dans tes droits, se taire devant pareille situation n'est pas une qualité, mais un signe de faiblesse.

Mon fils Igulu, moi, je n'ai pas eu la chance d'étudier. Dieu merci tu viens de terminer tes études, à ton tour, fais étudier tes enfants et prépare ta vie. De mon vivant, je mettrai tout en œuvre pour faire étudier mes enfants tes frères et sœurs.

Ne t'engage pas sur la voie de mariage avant de trouver un travail digne de tes études et au besoin, construire une maison pour toi. Ainsi tu seras autonome et libre, tu ne subiras pas les pressions des bailleurs des maisons, les moqueries des voisins méchants et les humiliations que subissent les locataires des maisons d'autrui qu'on traite des sans-logis. En un mot, mets-toi au travail. »

Papa respira un peu avant de continuer :

« Mon cher fils Igulu. Pour te remercier et t'honorer de ce bel exemple que tu montres à tes frères et sœurs, je t'offre une vache ! »

Il brandit la corde comme symbole de cette vache). Tous les participants se levèrent pour saluer cette offre par des applaudissements et des cris de joie

après son discours, papa avança et m'embrassa. Je fus ému jusqu'aux larmes. Papa s'éclipsa dans sa case. Je pense qu'il voulait dissimuler ses larmes à lui.

Maman avança à son tour pour m'embrasser. Puis ce fut le tour de mon petit frère et mes sœurs. La musique reprit encore de plus belle, la bière coula de nouveau à flots. Papa avait bien préparé la fête, il avait fait brasser une grande quantité de vin de banane appelé *Kasiksi*. Les invités étaient presque tous ivres. L'animateur principal des chants criait : « *Exhibez vos mains...* » Et on le faisait. Mon nom revenait dans tous les chants traditionnels qui m'invitaient à bien me cadrer dans la télévision pour que tous me regardent. L'ambiance était festive.

Plus tard dans la soirée, fatiguée, je me suis retiré discrètement. Je me jetais sur le lit. Les événements de la journée me revenaient à l'esprit. Soudain les paroles de Papa prirent un autre sens pour moi. Elles ressemblaient à un testament. Papa n'avait que 55 ans et ne souffrait pas de maladie grave à ma connaissance. Pourtant il avait parlé comme un homme sentant sa mort prochaine...

Je m'endormis, épuisé, tandis que je réfléchissais. J'étais fatigué.

J'avais fait un rêve. Nous étions en pleine fête. J'étais servi. Un corbeau vint se poser sur ma table et commença à picorer les galettes et les morceaux de viande présentés sur un plateau. Chose étonnante, personne ne s'en dérangeait. Tous les convives continuaient à manger comme si de rien n'était. Je tremblais de peur. Le corbeau avait allongé son bec pour commencer à picorer mon nez et mes yeux. C'est à ce moment-là que j'avais sursauté. Je me suis demandé ce que signifiait ce rêve. Je ne comprenais rien. Je me rendormais et rêvais à nouveau. Ce sont de gros crapauds, une dizaine qui sautillait sur mon lit. Je rentrai dans ma couverture pour leur échapper, peine perdue ! Ils ont réussi à s'introduire dans ma couverture. J'ai sauté de mon lit. Dehors, c'est une autre scène d'horreur qui m'attendait. Des bergeronnettes sont mortes à grande quantité. Qui avait tué ces passereaux ? Et pourquoi ?

Je me suis alors réveillé. J'ai compris que quelque chose allait se passer. Ces rêves étaient des signes précurseurs !

Mes amis d'enfance, étudiants de l'UOB et de l'ISP, Diego, Primo, Birindwa qu'on appelait Debiri et Mugoli étaient arrivés entretemps. Tous, ils m'ont embrassé chaleureusement. Plus jeunes, nous allions ensemble à Ludaha, un village voisin au marché pour ravitailler nos familles ainsi que pour d'autres petits commerces. J'allais acheter les lapins pour notre clapier, tandis que Mugoli allait chercher les arachides qu'elle revendait en détail après les avoir grillés. Tous les invités étaient déjà partis. Seule la famille était restée à remettre la maison en ordre. L'ambiance a repris de nouveau. Cette fois-ci avec une équipe restreinte : les étudiants. Papa vint saluer mes camarades. Après nous avoir regardé et constaté que nous prenions tous la bière, il nous nous apostropha gentiment : « Est-il vrai que c'est humiliant pour un intellectuel de prendre la bière locale » ? Il partit sans attendre la réponse.

Debiri se leva, déposa sa bouteille de Primus devant moi et se servit le vin de banane. Après avoir avalé une gorgée, il secoua la tête et me dit : « Toi, tu as gardé le bon vin pour la fin de la fête ? Je préfère quant à moi le rite local ».

Il reprit une autre gorgée et nous éclatâmes de rire.

À son tour ma mère arriva, salua mes amis en leur serrant la main l'un après l'autre. Arrivée à Mugoli, elle lui fixa le regard, et lui lança, énigmatique : « Ne t'inquiète pas ma fille, tu ressembles à ma belle-fille, tu es vraiment sa photocopie »

Nous nous sommes regardés sans rien dire et nous avons éclaté de rire. C'était clair, maman me demandait indirectement de penser à mon mariage. Ce n'était pas encore une urgence pour moi. Après son départ, nous avons bavardé sur plusieurs sujets. La vie à l'université, la situation politique et bien d'autres. Le pays était de nouveau en guerre. Mugoli qui était en deuxième année de graduat de Français-langues africaines à l'Institut supérieur pédagogique de Bukavu s'étonnait de la passivité des Congolais. Le peuple congolais était facile à soumettre. Tous les aventuriers et les bandits se nomment patriotes, nationalistes ou libérateurs pendant qu'ils tuent leurs propres frères. Les Congolais se meurent au quotidien, les uns sont massacrés, d'autres meurent des maladies, d'autres encore de faim dans un pays au sol fertile. La mortalité infantile ici a atteint des proportions inquiétantes. Les femmes sont humiliées et violées et la nation tout entière est désolée et méprisée.

Nous avons bavardé pendant un bon bout de temps, puis nous nous sommes séparés en nous fixant rendez-vous pour le lendemain.

À 23 h, j'entendis un coup de feu à l'extérieur. J'ai vérifié que toutes les portes étaient soigneusement fermées.

Dans le corridor, j'ai croisé maman et ai tenté de le rassurer.

« Tout va bien Maman.
— Non mon fils, Igulu, c'est ainsi que ça commence. Et puis c'est proche de la maison, ils ne vont pas lâcher le morceau, ils ne sont pas loin, ils ne sont pas partis. »

Maman était habituée à ces attaques des bandits armés, mais le danger n'avait jamais été aussi proche. Maman m'enjoignit d'aller me cacher sous mon lit dans ma chambre. Elle craignait pour ma vie.

« Si jamais ils entrent ici, je vais leur demander de me tuer et de te laisser la vie. Nous, on a vieilli et nous avons déjà accompli notre mission, seulement si je meurs, prend soin de toute la famille. »

Je me suis dirigé vers la chambre des filles pour m'assurer qu'elles étaient en sécurité. Elles se mouraient de peur. Je leur ai demandé de se regrouper et de porter les pantalons et les menteaux de froid. On irait peut-être s'abriter dans la bananeraie en attendant que se lève le jour

Au salon j'aperçus Papa armé d'un bâton, prêt à en découdre avec on ne sait qui. Je le dissuadai de ne pas engager la bataille avec ces bandits mieux armés. Pendant ce temps, à l'extérieur des inconnus tiraient à l'arme automatique et criaient comme des fauves. Ils connaissaient mon nom, le nom de Papa et les noms de mes petites sœurs. Nous étions donc trahis par des gens qui nous connaissaient. Certains parlaient le Mashi, notre langue maternelle ; d'autres, parlaient le swahili et d'autres encore une langue étrangère. Je semblais entendre les voix de certains de nos voisins.

Dans pareilles situations, il y a toujours des lâches qui collaborent avec l'ennemi pour qu'ils tuent leurs frères, violent leurs filles et pillent tous leurs biens. C'est la pire des races au monde, les traîtres, c'est la race de personnes sans dignité, au cœur d'esclave, toujours prêtes à livrer les siens soit par jalousie, soit pour des intérêts égoïstes. L'étranger pour nuire passe toujours par eux. Toute la maison était en débandade. Les assaillants réussirent à forcer la porte.

Ils sont entrés et ont commencé à nous brutaliser tous. L'un d'eux m'a appelé par mon nom de Igo, l'abrégé de Igulu pour les intimes. Où est la vache qu'on t'a offerte ? Où sont les cadeaux ? Tu risques de les laisser si tu ne fais pas attention. J'ai reconnu vite cette voix, mais il fallait feindre. Ça serait le pire pour moi. C'était un cousin lointain qui fuyait les études depuis son enfance. Il était cagoulé, mais je l'avais quand même reconnu. J'ai seulement répondu qu'il n'y avait pas d'argent, mais que la vache était attachée dehors sur l'avocatier. Le groupe de bandits avait diminué au salon où nous étions. Où sont passés les autres ? La réponse n'a pas tardé à venir. Des cris sont venus de la chambre des filles.

Je ne pouvais aller secourir mes sœurs, ces gaillards me maîtrisaient. De sa chambre Papa sortit avec son bâton. Il assomma un bandit. Puis deux. Je parvins à me libérer de mon garde du corps. Se sentant en insécurité face à notre résistance, ils sifflèrent et nous vîmes arriver une horde de voyous venue en renfort. Les voisins ne pouvaient venir à notre secours. La bataille engagée était disproportionnée. Ils avaient des armes à feu et numériquement, ils étaient supérieurs à nous. L'un des bandits qui se tordait de douleur me lança : « Igo c'est fini pour toi. On verra à quoi te servira ce diplôme ».

Ils réussirent à nous maîtriser tous. Lorsque je vis mes petites sœurs sortir en pleurant, avec des habits déchirés, je fus profondément indigné. Pris de colère, Papa étrangla un voisin qu'il avait reconnu en disant : « Je n'ai plus rien à sauver, tu as humilié mes filles, il ne me reste plus rien ».

Dans cette nuit noire, des coups de feu étaient tirés sans arrêt. Les filles criaient au secours. Les autres bandits accaparaient tout ce qu'ils voyaient. Cikwa pleurait. Un des assaillants l'avait poignardée et laissée pour morte, n'ayant pas réussi à l'humilier. Tout le corps de la pauvre saignait.

Chaque fois qu'ils estimaient avoir trouvé un butin satisfaisant, les bandits se retiraient un à un. Ils continuaient à tirer en l'air pour nous terroriser.

Soudain on n'entendit plus rien.

« Papa ? » Ai-je crié.

Pas de réponse.

Je pris ma lampe-torche pour avancer dans le noir, il n'y avait plus rien, tout était redevenu calme. Dans la pénombre, je butai sur un corps. C'était papa, il gisait dans son sang, une grande ouverture sur la poitrine.

« Papa ! Papa !

Maman vint en courant, j'étais courbé devant le corps inanimé de celui qui m'avait donné la vie. Maman toucha le cœur de papa plusieurs fois. Il tenta d'ouvrir la bouche, mais ne le put. Il ouvrit les yeux une dernière fois, puis les referma. Sa tête se pencha sur son épaule gauche. C'était au milieu de la nuit. Au centre de notre parcelle. À l'endroit même où, il y a quelques heures encore, il avait prononcé son discours-testament. J'ai senti le corps de Papa se refroidir entre mes mains.

ADIEU PAPA

Le cercueil fait de planches était là devant un trou d'à peu près 2 mètres. Entourée de mes petites sœurs inconsolables, maman pleurait amèrement. Mon petit frère Fikiri était en pool noir avec un pantalon Jeans bleu. Toute la famille était au grand complet. Papa aussi, mais lui seul ne pouvait parler, il était mort. Tous mes amis de la veille étaient autour de moi, m'encourageant à tenir le coup. Tout le quartier : les amis, les voisins, les familiers informés étaient présents. À l'intérieur de ce cercueil, un homme était endormi, vêtu d'un vieux costume et d'une chemise raillée noire et blanche, sans chaussure. Ses yeux étaient fermés et son visage légèrement souriant, cet homme c'était Papa Bendera Cihugo en personne.

L'émotion fut au comble lorsqu'arriva Cikwa, accompagnée d'une infirmière. Depuis les tortures de la nuit, elle avait été dépêchée au centre de santé. Elle était blessée au front, sur l'épaule, et poignardée à la cuisse gauche. Elle avança difficilement boitillante et pleurante. Elle tenait à dire un mot d'adieu à celui qu'elle chérissait comme Père, celui qui l'entourait de toute son affection paternelle.

L'auxiliaire laïc qui officiait les obsèques fit une prière pour le repos de l'âme de Papa. Il expliqua la parole de Dieu qui disait :

Si un grain de blé tombé en terre ne meurt pas, il demeure seul : mais s'il meurt, il porte beaucoup de fruits.

Ensuite il lança le Notre Père que toute l'assistance reprit en cœur.

Enfin, il dit :

Que par la miséricorde de Dieu, les âmes des fidèles reposent en paix et l'assistance répondit « Amen ». La parole fut donnée aux membres de famille avant la mise en terre. Maman n'avait pas la force de parler. Elle prononça des paroles inaudibles. Je l'ai seulement entendu murmurer : « La mort t'a arraché si tôt... je te resterai fidèle... » Les pleurs s'en sont suivis. À mon tour je pris la parole en ces termes :

« Papa ! Me voici devant vous pour accomplir le devoir d'un fils envers son père, car il est digne pour un fils d'enterrer son père. Cependant je vous demande pardon, car j'ai manqué à un autre devoir, celui de te protéger contre les bandits. Car c'est un honneur pour un fils de défendre son père, je promets de te venger tôt ou tard. Ton départ dépeuple la terre et blesse mon cœur d'une blessure inguérissable. Tu as accompli ton devoir en me faisant étudier et grandir. Je te promets que j'accomplirai le mien en protégeant toute la famille. Adieu Papa ! Adieu ! Prie pour nous, que mes larmes te disent le reste. »

La succession des discours me rappela l'ambiance de la fête d'hier sauf que les contextes étaient différents. Papa était mort, il ne pouvait plus prononcer son discours, il l'avait fait hier et c'est tout.

La petite Cikwa surprit tout le monde lorsqu'elle avança devant le cercueil en disant :

« Papa je t'aime ! Maman je t'aime aussi. Tu n'e pas mort Papa, tu es plus proche de nous par ta mort. Désormais tu es notre protecteur parce que tu t'es sacrifié pour nous protéger. Nous te promettons d'être sages, je ne te trahirai pas. C'est l'unique moyen pour nous de t'honorer. Je t'aime Papa » !

Elle pleura. La chorale entonna un chant.

« Emund oli…Yo nyerekire omurhima gwani, yagirwa namahanga »[1].

Les cordes furent tirées par six hommes pour soulever le cercueil et le descendre dans la tombe. Je me sentis englouti lorsque les fossoyeurs jetèrent les premières mottes de terre fraîches dans la tombe. Dans ma tête le bruit de la terre au contact du cercueil ressemblait à un coup de tonnerre. Les femmes pleurèrent de plus belle.

Les amis de mon père se succédaient un à un en jetant par la main la terre dans la tombe pour dire adieu à leur ami. Le cercueil disparaissait comme un sillon, la tombe de Papa s'élevait devant l'entrée principale à quelque cinq mètres de la maison comme pour être définitivement, le gardien et le protecteur de toute la famille.

Les gens vidaient progressivement le lieu pour s'asseoir dans la cour. Quand ce fut terminé et la tombe bien entretenue, je rejoignis les autres pour la suite du deuil. Mes amis m'accompagnaient partout et en tout. Je ne savais pas quel jour il était, j'étais désorienté. Que dire ? Que faire ? Tandis que le psalmiste dit : « *Tu as changé mon deuil en une danse* », c'est ma fête à moi qui a été changée en deuil. J'ai vu en peu de temps l'équilibre du destin basculer, le désespoir a envahi mon cœur, j'étais déconnecté du monde. Comment est-ce possible que ces misérables aient pu me ravir celui qui était tout pour moi ? Ces monstres m'ont plongé dans un grand chagrin, je n'étais pas préparé à être orphelin, moins encore à être l'héritier de la famille si tôt. Mais hélas ! Les événements inattendus m'avaient réservé la pire surprise de mon histoire.

---

[1] « Vers toi seigneur j'élève mon âme, õ mon Dieu (PS24 en mashi une langue locale du Kivu).

Mon existence était devenue amère, une foule de pensées remplissant mon esprit. J'attendais la nuit pour pleurer dans le silence. J'ai pris un moment la Bible pour voir si ce mystère voilé pouvait y être dévoilé et je suis tombé sur les lamentations de Job :

« Mon visage est rougi par les larmes et l'ombre couvre mes paupières. Pourtant, point de violence dans mes mains et ma prière est pure. Ô terre, ne couvre point mon sang, et que mon cri monte sans arrêt ».

Dès maintenant j'ai dans les cieux un témoin, là-haut se tient mon défendeur. Qu'ai-je fait pour mériter pareilles tortures morales ?

À présent dans la cour, les uns jouaient au jeu de dames, d'autres au jeu de cartes, d'autres encore se racontaient les histoires autour du feu. Les hommes prenaient le café. Beaucoup de jeunes fumaient du chanvre. Parfois ils le mettaient dans le café, droguant ainsi tous ceux qui le consommaient. Sous l'effet de cette drogue, on s'injuriait ici, on se bagarrait là-bas, plus loin on dansait et on chantait.

Un papa venu nous assister et veiller avec nous somnolait. Un jeune alluma une cigarette et la déposa dans sa bouche. La cigarette fuma jusqu'à menacer dangereusement la barbe du papa. Il commença à crier, ne comprenant pas ce qui se passait. Un autre papa dormait tranquillement sur sa chaise autour du feu, un autre jeune drogué vint avec une corde et l'attacha solidement. Réveillé, il ne pouvait pas bouger, pris de panique, il commença à crier et à appeler mon père Bendera ! Bendera ! Je meurs, je meurs. Les jeunes riaient de plus belle. Leurs blagues me dégoûtaient. Comment ne pouvaient-ils pas utiliser leur imagination pour protéger leur village constamment menacé par des hommes armés et inconnus ? Ils étaient seulement là à se droguer, à chanter et à danser lorsque leurs parents étaient tués, leurs sœurs et leurs mères violées et eux-mêmes humiliés.

Ils viennent enterrer les victimes, ils pleurent s'enivrent, et la vie quotidienne reprend. Ils n'ont aucun moment de s'indigner ni de s'interroger sur les motifs de cette humiliation. La colère se perd vite dans l'alcool et dans le plaisir. Les assassinats étaient devenus un fait ordinaire à Mugogo. Chaque jour on enterrait une victime. Les faits se déroulaient de manière identique : le village était attaqué la nuit, les villageois venaient enterrer les victimes la journée. Une commission officielle menait l'enquête après l'enterrement, un communiqué officiel passait à la radio le soir et après tout s'étioler dans l'ignominie du silence culpabilisateur. À qui la faute ? Peut-être aux victimes !...Le slogan était connu même des plus petits :

« Des hommes armés et en uniforme non autrement identifiés ont attaqué le village tel... Ces malfrats ont tué monsieur tel... une enquête est ouverte ! »

Nous étions déjà habitués à cette méthode. Le troisième jour. Le deuil devait être levé, les sages étaient déjà organisés pour parler du déroulement de la cérémonie de l'intronisation.

À 5 h du matin, tout le monde était debout pour la propreté de la maison et de toute la parcelle. Tous les habits devaient être lavés ainsi que toute la maison balayée soigneusement. Tout le monde doit se laver. Le sage désigné pour présider à la cérémonie nous a alors invités à nous installer. Une prière a été prononcée. Puis la Biographie de Papa a été lue par un oncle paternel. La lecture terminée, le sage président de la cérémonie m'a symboliquement rasé la chevelure. Il a ensuite fait de même pour la grand-mère qui était assise à ma droite et pour maman assise à ma gauche. C'était ensuite le tour de mon petit frère puis mes petites sœurs. Il nous a ensuite coupé les ongles aux doigts et aux orteils. Comme pour renouveler la vie. Il m'a fait porter le chapeau de Papa, puis sa chemise. On m'a remis le bâton et la lance, signe que je devais désormais protéger la famille et que les armes n'empêchent jamais la mort quand elle se présente.

J'ai reçu le bracelet et enfin j'ai gardé le nom de Papa. J'étais donc Bendera Igulu.

Nous avons alors fait la chasse avec les autres jeunes amis. Les créanciers et les débiteurs sont venus se déclarer et le porte-parole a répondu que les témoignages le confirmeront. Tous les symboles du patrimoine familial m'ont été remis en m'exhortant d'être sage, de travailler pour enrichir la famille et d'avoir la personnalité en me faisant craindre. Les amis et les sages présents sont alors passés pour me présenter leur obédience. À mon tour, j'ai béni l'assistance, la famille et toute la parcelle pour demander à Dieu de la protéger. J'ai béni aussi la tombe de Papa. J'ai remercié l'officiant de la cérémonie en lui offrant un gros coq. Il est parti aussitôt, car il ne doit plus ramener la mort dans la famille. Il a accompli sa mission.

Après le départ du porte-parole officiant la cérémonie, un groupe de jeunes filles, petites sœurs, cousines, nièces sont venues dansant de joie avec des cris d'applaudissement. J'ai remis à chacune d'elle une enveloppe symbolique contenant un petit billet de banque. Au bout de la cérémonie, un repas de fête a été organisé. Nous avons mangé et nous avons bu à notre faim comme à une fête ordinaire. C'était le levé de deuil de Papa et mon intronisation comme nouveau responsable de la famille. Dans une dynastie royale, je serais Bendera II.

La réception terminée, tous les invités, les amis, les familiers sont rentrés chez eux, car le deuil était levé. La vie devait reprendre. Mes camarades quant à eux devaient à présent regagner Bukavu. Ils étaient restés plus longtemps que prévu.

Diego m'adressa la parole et dit :

— Nous voulons rentrer à Bukavu cher Igo, courage, tiens bon !
— Je suis très reconnaissant pour votre geste de solidarité. Que Dieu vous bénisse mes amis.

— Soyez assuré de notre soutien en toute circonstance.

— J'en ai tellement besoin et merci pour tout.

Après ces mots d'au revoir, nous nous sommes embrassés. Je les ai regardés partir. C'est une chance que d'avoir de vrais amis qui vous soutiennent quand tout semble noir, quand on sombre dans le désespoir dans les moments de détresse. Je ne pus empêcher les larmes de couler de mes yeux.

Nous nous sommes retrouvés seuls en famille : maman, mon petit frère Fikiri, mes petites sœurs Iragi et Cikwanine. Maman craignait pour ses filles. Elle pensait qu'elles devaient se rendre chez nos parents à Bukavu en raison de l'insécurité. Des rumeurs faisant état d'une nouvelle attaque dans notre famille circulaient dans la région... J'ai dit à maman que je devais d'abord réfléchir et me suis retiré immédiatement en chambre. C'est seulement en ce moment-là que j'ai mesuré l'irrémédiable, le vide autour de moi. J'ai pleuré amèrement pendant une heure. Vraiment Papa n'était plus de ce monde.

Le lendemain matin un pick-up 4 x 4 rempli de militaires lourdement armés fit incursion dans la parcelle pour l'enquête. Ils m'ont posé quelques questions auxquelles j'ai répondu immédiatement : le nom de Papa, son âge, où était-il la veille de l'attaque, quand l'attaque a-t-elle commencé... L'officier a commencé à mesurer quelques pas, puis il s'est tourné vers moi en disant :

— Où était ton père quand l'attaque a commencé ?

— Nous étions tous dans la maison.

— Comment les assaillants sont-ils entrés dans la maison ?

— Ils ont forcé la porte

— Et comment alors ton père s'est-il retrouvé ici ? Je trouve ça très suspect, a-t-il poursuivi.

Je commençais à m'énerver avec ces questions maladroites et même insensées.

« Est – ce ainsi qu'on mène une enquête ? » Ai-je réagi à l'endroit de l'officier.

Il m'a regardé avant de me prendre à côté pour demander les frais de l'enquête.

J'étais abasourdi. Je ne savais pas que de tels frais existaient.

Il a poursuivi, ne t'en fais pas mon cher ami. Je ne suis pas exigeant. Je compatis aussi avec toi. Donne ce que tu as. Nous sommes là pour vous protéger. Pour éviter de longues et multiples discussions, j'ai sorti quelques billets de francs congolais. Je les lui ai tendus, il a pris sans compter et est allé s'engouffrer dans le pick-up qui démarra aussitôt. L'enquête était finie !

L'HÉRITIER INFORTUNE

Papa est mort, notre élevage a été pillé, la récolte de cette année n'a pas été abondante. Entretemps, la famille doit survivre. Que faire ? Il fallait rester à côté de maman pour nous consacrer à l'éducation et à la scolarisation des enfants. J'ai rédigé une demande d'emploi pour donner cours à l'institut Babusi de Mugogo-Centre.

Papa était mort, notre élevage pillé, la récolte maigre. Que pouvions-nous faire ? Il fallait rester à côté de maman pour nous consacrer è la scolarisation des enfants. J'avais rédigé une demande d'emploi pour enseigner à l'Institut Babusi de Mugogo centre.

C'était la plus grande école du milieu. La demande fut reçue positivement, le préfet des études m'a reçu très chaleureusement. Il m'a confié les cours de sociologie africaine, d'histoire et de civisme dans différentes classes. Avec ma licence en sociologie, j'enseignai aux élèves les valeurs sociales et civiques. Je leur parlais de la crise de citoyenneté que traversait l'Afrique. Je leur disais que le monde comptait sur les jeunes pour relever le défi. Je leur disais que la solidarité africaine, l'altruisme ne devaient pas être des paroles vaines, mais des piliers du développement du continent africain. Je leur disais que le travail en était la clé. Mes élèves étaient intéressés par la vie et l'œuvre de patrice Émery Lumumba. Son testament politique contenu dans sa lettre adressée à sa veuve Pauline depuis la prison de Thysville avait particulièrement attiré leur attention

Un jour, un élève me posa la question suivante :

« Comment est-ce possible que Mobutu ait tué Lumumba en 1961 et l'ait proclamé héros national en 1966 ? »

Je réfléchis longuement avant de répondre à cette pertinente question.

« Chers élèves, c'est tout simplement de la récupération politique. Mobutu faisait réellement partie du cercle des commanditaires de l'assassinat de Lumumba. En 1966 les temps avaient changé, il voulait redorer son blason et offrir au monde une belle image du pays.

« C'est comme un bourreau qui se fait pontife pour béatifier sa victime, c'est malheureux pour l'Afrique. C'était le mauvais départ de la nouvelle Afrique indépendante, le peuple africain a mené une lutte sans merci pour s'affranchir de la colonisation. Les Africains s'étaient battus pour leur dignité et leur survie. Vaincu, le colonisateur est parti ; mais a laissé le pouvoir entre les mains d'une bande des cupides sans foi ni morale. Les régimes coloniaux ont été remplacés par des régimes dictatoriaux tout aussi sanguinaires et violents. Les fils du pays qui tuaient leurs propres frères, ils détruisaient leurs propres pays et trahissaient leurs nations. Nationalistes dans les discours, mais prédateurs dans la pratique. »

« Ce que nous vivons aujourd'hui n'est que la conséquence et la suite de ce gâchis, de ce mauvais départ. Le chemin est encore long. L'Afrique est remplie de ceux qui s'appellent hommes forts. Ils prennent en otage tous les médias qui font leurs propagandes au long des jours, falsifiant ainsi l'histoire. Ainsi les médias deviennent des mendiants à la solde d'un dictateur qu'ils présentent comme démocrate. Ils disent à la radio et sur les plateaux des télévisions que tout va bien, alors que rien ne va... et pour bien comprendre cela, vous n'avez qu'à lire toute la littérature postcoloniale : *Kourouma, Sony Labou Tansi, Henri Lopes, Mudimbe, Djungu Simba*, et bien d'autres ne font que dénoncer ces abus derrière leurs plumes »

Les élèves suivaient attentivement ces explications. C'est à ce moment-là que le percepteur de frais scolaires fit irruption dans la salle. Sans même me saluer, il cria :

« Tout le monde, reçu à la main. S'il vous plaît chacun avec son reçu et faites vite, ne nous faites pas perdre le temps ».

Le tiers des élèves fut chassé ce jour-là, dont l'auteur de la question sur Lumumba. Je n'avais plus de motivation pour poursuivre ma leçon. Cette scène était devenue régulière.

À la fin de chaque mois, après avoir collectionné la prime, cette somme payée par les parents pour suppléer au salaire modique des enseignants, le préfet se donnait lui-même la part du lion pour laisser le reste à se partager entre enseignants. Cette attitude du préfet me parut étrange et injuste. C'est l'homme qui harangue les élèves chaque matin, fustigeant la mauvaise gouvernance au sommet de l'Etat alors que lui-même dirige son école comme un petit dictateur. Durant les six mois où j'ai presté, je n'ai pas réussi à faire l'économie pour faire vivre ma famille. Il n'y avait plus d'élevage, la présence d'une bête comme une vache, une chèvre, des volailles et même des cobayes constituait le motif d'une attaque nocturne par des bandits armés. Les attaques et les deuils se succédaient de famille en famille. Le deuil était devenu un événement ordinaire et chaque soir l'on se demandait à qui serait le tour pour cette nuit. Pendant ce temps le sol était devenu infertile et improductif pour les activités agricoles.

Dans ce milieu rural où l'abondance de la nourriture ne fait pas de problème, rares sont les familles qui arrivaient à manger trois fois par jour. La vie devenait intenable, beaucoup de familles prirent l'option de quitter le village pour aller vivre en ville.

Nous nous étions concertés avec maman et avions passé en revue la situation de la famille. À tous les points de vue, nous étions insécurisés, il fallait partir, comment y arriver ? Comment abandonner notre maison ? Notre champ ? Notre parcelle ? La tombe de Papa ? Quoi qu'il en soit, le choix était clair, il fallait partir. Au-delà de toutes les préoccupations, il fallait survivre, Papa ne se fâcherait pas si nous quittions le village pour aller chercher un peu de protection en ville, un peu car là aussi, qui savait ? Au contraire, il en serait très content, avons-nous pensé.

Il était décidé que j'irai préparer le terrain. J'avais très peu d'argent et je dus faire le pied de Mugogo à Bukavu. Cela faisait presque six mois que je n'étais pas arrivé à Bukavu. Il faisait aussi six mois que j'étais licencié en sociologie… Franchement, ma vie d'étudiant était mieux que cette vie de cadre universitaire qui ne l'était que sur papier.

En ville, j'ai pris contact avec mes vieux amis pour qu'ils me facilitent la tâche. Un ancien collègue près de la frontière avec le Rwanda était commissionnaire de maisons en location ou en vente et des véhicules. Il ne savait rien de ma nouvelle réalité. Il m'a mis en contact avec un bailleur qui avait une très belle maison dans un enclos chic et bien carrelé. Mon ami a terminé ses études une année avant moi et n'avait pas encore de boulot. Il gagnait de temps en temps quelque chose dans ces genres de commissions. Il sillonnait toute la ville à la recherche de maisons à vendre ou à en location. Une fois celle-ci trouvée, il cherchait alors les familles en quête de maisons à louer. John se mit à parler avec le bailleur pour le convaincre que le prix devait être raisonnable. La maison était disproportionnelle à mes moyens. Après un bout de temps de discussion, John revint vers moi avec un air satisfait.

— Vous avez de la chance mon cher ami ; il parlait de 300 $ par mois, je l'ai convaincu, il vient d'accepter 200 $. C'est une très belle maison et elle est bien équipée.

— J'ai compris cher John cependant mes moyens sont modiques.

— Combien d'argent avez-vous ?

— En tout et pour tout 250 $

— Mais oui ! c'est bon parce que lui ne demande que deux cents dollars !

— Mais non, John j'ai 250 $ pour garantir toute l'année,

— Quoi ; vous vous jouez de moi Igo !

— Non John

— Et alors ? Figurez-vous que moi qui vis de ces commissions, je gagne parfois ces 200 $ et même plus par contact et vous me parlez de 250 $ par an. Ça, c'est une maison ou une cabane. Même un nid d'oiseau n'a pas ce prix.

— Excusez-moi cher ami, je pensais que nous émettions sur la même longueur d'onde. Dans ma position actuelle, je ne peux même pas penser avoir plus que ça. Tout de même merci pour la bonne volonté,

— Igo ! reprit John, donc je n'aurai même pas une bouteille de bière ?

— Savez-vous que je n'ai pas mangé depuis hier, j'aurais voulu vous en donner... Quand j'aurai le boulot, je ne manquerai pas.

John s'est mis à rire. Moi aussi. Nous avons tous ri. Mais j'ai compris qu'il était déçu. C'était son droit, car il ne savait pas que j'étais devenu orphelin.

J'avais tellement faim et soif. Depuis le matin, je marchais. De retour de Nguba, je suis passé par le chemin du collège Alfajiri où j'ai rencontré des amis qui revenaient de la bibliothèque « Humanitas », celle-là même qui nous a tous nourris scientifiquement, qui nous a facilité la tâche lors de nos recherches. Les amis m'embrassèrent chaleureusement et me proposèrent d'aller nous asseoir quelque part autour d'un verre pour partager la joie des retrouvailles.

J'ai mangé avec beaucoup d'appétits, la bière descendait avec fraicheur comme un vent qui souffle sur le cultivateur en saison sèche. Le tilapia du lac Kivu accompagné du bon foufou faisait les bonnes retrouvailles. Toutefois, je n'étais pas tranquille, car ma route était encore longue. Quand les amis ont passé la deuxième commande, je me suis excusé. Je leur ai expliqué ma situation et mes démarches. C'est alors que Jordan a voulu savoir les détails de mes capacités. Jordan intervint en disant :

— Où est-ce que vous voulez trouver une maison ?
— N'importe où pourvu qu'elle convienne au montant dont je dispose.
— Pensez-vous en avoir pour combien le mois ?
— Quinze-mille francs congolais.
— Je sais qu'il y a un papa qui vit à Ciriri et qui veut mettre sa maison en location vers Karhale, je suis sûr que ça peut vous arranger… (il me tendit un papier où il avait écrit ses coordonnées.)
— Merci infiniment, je me suis levé et j'ai dit au revoir aux amis.

Jordan me raccompagna jusqu'à la grand-route, il me dit au revoir en me tendant la main. Sa main était chargée, il m'a remis dix mille francs congolais. J'étais fou de joie, j'ai pris place à bord d'un taxi qui devait me conduire jusqu'à la place de l'indépendance, cette ancienne place du 24 Novembre. Ce nom a changé parce que le régime dont il porte le symbole est aussi tombé. C'est la règle des régimes dictatoriaux, ils se consolident par la force, mais c'est pour un temps. L'histoire étant têtue, elle finit par les désillusionner. Quand l'heure du déclin sonne, ils passent avec leurs traces et dédicaces. Le temps sait toujours jouer de très mauvais tours. Mobutu n'était donc fort que de son vivant ! Il a porté tous les meilleurs qualificatifs d'un bon leader. À sa mort, il est devenu le diable, le monstre, il est le banni du clan. Et nombreux sont ceux-là qui ont compris ça. Ils l'ont déifié de son vivant, à sa mort ils l'ont diabolisé parce qu'il n'y avait plus d'intérêt chez lui. Hier il était l'éternel, le puissant, le fort, le pacificateur, le bâtisseur, le timonier. Aujourd'hui parce que malade, parce que vieux, parce que mort, il est l'auteur de tous les malheurs de la nation. Ils ont mangé hier du gâteau de ses mains, aujourd'hui ils crachent sur les mêmes mains qui les ont nourris. On les appelle les Courtisans, les Flatteurs, ils peuplent à grand nombre la classe politique africaine. C'est la pire des races au monde. On trouve cette race dans presque toutes les cours royales certes. Cependant chez les chefs d'États africains, on a l'impression que c'est un critère de recrutement de collaborateurs. Il faut savoir flatter, savoir mentir pour mériter un avantage quelconque. Seuls ceux qui sont à mesure de démontrer que noir c'est blanc, de prouver avec éloquence qu'une telle antivaleur devient valeur ont droit aux postes de confiance.

Il faut être capable de prouver que telle réalité qui était blanche au matin devient noire à midi et qu'au soir elle est devenue rouge. Et cela sans se gêner et sans honte.

L'éthique en politique africaine apparemment est renvoyée à l'arrière-plan, il est certain qu'aussi longtemps que cet air toxique polluera le paysage politique africain, l'émancipation de ce continent noir ne sera pas pour demain. Pour cette race des médiocres, le ridicule ne tue pas. Chantez et dansez pour celui qui est là aujourd'hui est soit souple à faire de même pour celui qui sera là demain. Même si vous l'avez critiqué hier, peu importe.

Ce sont ces prostitués politiques qui brillent par l'inconstance. Ils changent de famille politique selon que les intérêts changent de camps. Ils sont comme des caméléons, ces petits reptiles qu'on trouve souvent en Afrique et en Inde. Ils sont tous doués de mimétisme.Ils ne s'engagent pas en politique pour une cause noble ou par vocation. Ce qui compte pour eux c'est comment gagner l'argent, comment remplir le ventre. De véritables sangsues qui n'ont qu'un seul et unique projet de société : *le ventriotisme*. Ils disent parler pour le peuple malheureusement, alors que le peuple est le grand absent dans leurs préoccupations. Je suis sûr que ces gens ne peuvent pas aider l'autorité à bien gouverner. Certains d'entre eux ont fait la démonstration de leur légèreté en défilant dans tous les partis politiques. Peu importe la tendance du parti, pour vu qu'il incarne le pouvoir. Étant intellectuels, ils ont des arguments pour se justifier. Parmi eux, l'on compte aussi de grands professeurs d'université et je me demande toujours, comment les intellectuels africains peuvent aider l'Afrique à émerger et à s'émanciper. Comment peuvent-ils donner leur appui à la quête de l'éradication de la mauvaise gouvernance.

C'est cette race qui chante aujourd'hui la démocratie tout en fabriquant de nouvelles dictatures, ce poison qui extermine les Africains et qui les humilie à la face du monde. L'image de l'Afrique qu'ils présentent c'est celle d'un continent somnolent, capable seulement de chanter et de danser pour sa misère. Toujours en retard, incapable d'intégrer les valeurs de la mondialisation, l'Afrique demeure jusqu'à nos jours prise en otage par cette race de rapaces et de chauves-souris aux griffes tenaces.

Nous avons d'éminentes personnalités pleines des vertus intellectuelles en qui la communauté tout entière a placé confiance en leur confiant le travail de l'élaboration des rapports pour éclairer l'opinion tant nationale qu'internationale sur l'État de la nation ; sur ce qui marche et ce qui ne marche pas pour que soient connues les responsabilités des uns et des autres. Tout au long du travail, le peuple entier a le regard tourné vers elles. Ce peuple humilié dont la richesse a été pillée, spoliée injustement, dont les droits sont bafoués. Ce peuple voudrait bien savoir qui est l'auteur de son malheur, qui est son bourreau, qui est le voleur de sa richesse. Ces grandes personnalités se mettent vite au travail, et le peuple attend, le monde aussi attend voudrait bien savoir. Finalement le travail prend fin, les rapporteurs de leurs travaux sont invités au dîner pour partager le pain des paisibles populations volé à sa table. Et le peuple attend toujours, il tient à savoir toute la vérité sur les origines de son sort. Les rapporteurs aussi mangent et boivent, ils racontent avec les opulents et les princes les propos de tables. Qu'y a-t-il donc ? Se demande le peuple qui attend toujours. Qu'ont-ils vu dans ce grand palais ? Certes, ils nous le diront eux au moins, nous leur faisons confiance.

Rassasiés et ivres de promesses, les rapporteurs deviennent muets. Que se passe-t-il ? Silence ! Quand ils ouvrent la bouche, c'est pour se moquer du peuple affamé. Grands rapporteurs intellectuels, hier militant d'une cause noble, aujourd'hui fanatiques rassasiés et alliés de l'oppresseur du peuple. Tous les rapports sont brulés au feu de la cupidité et du déshonneur. Malheur au peuple, tant pis pour lui, tant pis pour sa misère. Désormais, le peuple est regardé de loin. Les investigations tournent à la dérision. C'est du haut des bureaux climatisés ou sur les plateaux des télévisions où le mensonge est roi qu'on regarde désormais le peuple misérable.

O tempora, ô mores disait le consul Cicéron défendant son peuple contre l'imposteur Catilina. O peuple africain ! Les menteurs, les criminels, les hypocrites, les voleurs, tous disent agir par amour pour vous. Jusqu'où ira l'opprobre ? L'homme, politicien africain n'a jamais compris que l'on peut se rassasier aujourd'hui et demain on sera de nouveau affamé. C'est ainsi qu'est née l'idée de se pérenniser au pouvoir, car lorsqu'on a goûté au gâteau, on ne peut plus le lâcher. Malheureusement on dit le faire à la demande du peuple. Pouvoir acquis, pouvoir consommé, pouvoir consolidé. Constitution changée tant pis pour le peuple ! Tant mieux pour les prédateurs tant que le peuple reste muet ! Mais attention aux vents d'ouest ou d'est avec les différents printemps. Peut-être, nous, on ferait mieux d'attendre plutôt des automnes ou des hivers pour que les anges de la honte se cachent mieux en hibernation !

Cette génération spontanée de riches venant presque du néant oublie vite ses origines. De la case du village aux villas climatisées et hôtels cinq étoiles elle jure de ne plus abandonner le pouvoir. J'y suis et j'y reste…Ces flatteurs, ces courtisans, ridiculisent toute l'Afrique et les Africains. Malheureusement ils ne s'entourent que de ceux qui aiment les écouter, car il y a aussi des gens qui sont contents quand ils sont trompés, qui applaudissent leurs oppresseurs.

Tandis que je réfléchissais sur ce drame africain, le taxi a juste eu le temps de me déposer à la place dite de l'indépendance, la fameuse place. Au diable ! Pas de bus à la place, une foule immense attendait impatiemment. Il était déjà 19 h 30. Les commerçants, les fonctionnaires, les chômeurs en quête du travail devant rentrer à Bagira. Tous attendent. La commune de Bagira se situe à presque 8 km du centre-ville et les allers et retours s'y font au quotidien. Un bus arriva. Tout le monde accourut. On se bousculait. On se piétinait pour trouver la place. J'ai eu la mienne malgré tout ; et pour l'avoir, il fallait être fort, au besoin, avoir pratiqué les arts martiaux.

J'ai regardé dehors et j'ai vu une femme enceinte qui ne pouvait pas se sortir de cette bagarre pour la place à bord du bus. Je l'ai invitée à prendre ma place. *Merci mon fils, que Dieu te bénisse* m'avait-elle dit.

Lorsqu'un autre bus est arrivé, c'était la même scène, mais cette fois-ci je suis parti avec.

Arrivé à la maison à Bagira, il était 20 h j'ai frappé et c'est la femme de mon oncle maternel qui est venue m'ouvrir la porte.

— Bonsoir maman !
— Oui, bonsoir Igulu, toi ici maintenant ?
— Oui maman j'ai quitté Mugogo ce matin.
— Et pourquoi ne nous as-tu pas prévenus ?
— Les multiples préoccupations de la famille m'ont fait perdre de vue. Excusez-moi pour cet oubli maman.
— Mais le problème c'est que demain nous aurons des visiteurs qu'allons-nous faire ?
— Je repars demain dans tous les cas.

— Bienvenu chez nous Igulu.

— Merci maman.

— Quelles sont les nouvelles de la famille ?

— Tout va bien maman.

Fatigué, mais satisfait après une longue journée, je répondis machinalement.

Après un bain froid, je me suis jeté au lit et tous mes contacts de la journée me reviennent à l'esprit. Les événements tragiques de la mort de Papa défilaient dans mes pensées, le cauchemar du corbeau, les bergeronnettes tuées, les crapauds sur mon lit, les cris de mes petites sœurs, le dernier regard de Papa, puis son dernier souffle. C'est vrai il n'est pas facile de vivre.

AFFRONTER LA MISÈRE

La maison était vide, nous devions l'équiper. Nous nous sommes installés avec nos effets ramenés de Mugogo. La vie du village est de loin différente de celle de la ville. Il n'y a plus de champ, ni de jardin potager, ni d'élevage. Tout doit s'acheter, la nourriture, le sel, l'huile ou la braise. Il faut payer les études de mon petit frère et de mes petites sœurs, assurer les soins de toute la famille.

Karhale n'est plus une colline élégante. Jadis la verdure faisait la fierté de la ville de Bukavu. Son environnement agréable, les arbres, les espaces verts donnaient un décor paradisiaque à Bukavu autrefois appelée Bukavu la verte. Aujourd'hui, Karhale ressemble à une colline fantôme. Les maisons y poussent comme des champignons et Dieu seul sait si les normes urbanistiques y sont respectées. On dirait qu'un jour elle irait se jeter dans le lac Kivu qui est en face d'elle suite aux érosions régulières en saison de pluie. Néanmoins c'est là que nous avons trouvé un logis.

Nous nous sommes installés comme des exilés fuyant leurs pays ou comme les bannis du clan. Nous n'avions aucune alternative. Il fallait accepter le glaive du destin. Maman n'était pas une femme à baisser les bras. Elle me remontait chaque jour la morale. Ne te décourage pas, disait-elle. Chaque soir nous tenions le conseil familial. C'était pour encourager mon petit frère et mes petites sœurs. J'insistais sur les conseils et les dernières recommandations de Papa qui nous invitaient au travail. « Ne soyez pas des paresseux, disait-il. Étudiez et vous verrez que vous réussirez dans la vie ». Je leur demandais de ne pas oublier l'essentiel dans la conduite : avoir la personnalité et porter les valeurs sociales. Partout, bien gérer leurs amitiés. Il faut éviter les vagabondages et les distractions inutiles. Nous devons éviter la facilité, compte tenu de nos moyens il y a de luxes que nous ne pouvons pas nous permettre. L'histoire de notre famille prendra la forme que nous lui donnerons. Devant la gravité de notre situation, nous n'avons pas le droit d'abdiquer ni d'accepter passivement le choix des autres.

Personne n'aura pitié d'un homme qui ne veut pas se battre pour sa survie. Il n'existe jamais un processus linéaire pour réussir dans la vie. C'est en franchissant les obstacles, dans une série des ruptures qu'on progresse jusqu'à conquérir sa liberté. Il faut se décider pour sortir de l'apathie. Un indécis ne mérite que l'échec et le déshonneur. Nombreux sont ceux qui passent leur temps à préserver une liberté potentielle sans jamais oser se décider un jour. Finalement ils meurent dans leur hésitation. La vraie personnalité se façonne par le choix opéré. C'est seulement en respectant cette discipline que nous réussirons à honorer Papa Bendera notre père. La famille suivait attentivement ces conseils que nous leur prodiguions avec maman. Suivait alors la prière familiale et après chacun se retirait pour aller dormir.

Un matin vers 9 h, Cikwa est rentrée de l'école.

— Quoi ? Cikwanine ! Tu commences à fuir les cours ! J'étais très fâché.
— Je suis chassée de l'école…
— Et pourquoi ?
— À cause de 10 000 FC que je n'ai pas encore payés.
— Ne t'en fait pas je vais t'écrire une dérogation tu vas rentrer.
— Le préfet des études a refusé toute dérogation, et demain nous commencerons les examens. J'ai perdu toute la révision d'aujourd'hui.

Elle éclata en sanglots. Je l'ai rejoint dans la maison pour la consoler. En effet, du vivant de Papa Bendera, elle n'avait jamais été chassée de l'école. Papa mettait tout en œuvre pour scolariser ses enfants. Ce n'est que le début de l'épreuve de feu. J'ai dit à Cikwa que la solution serait trouvée et que le jour suivant elle serait à l'école. Ce qui l'a calmée un peu. Pourtant, je ne savais même pas par où j'allais passer pour avoir

10.000FC. J'ai rejoint maman au port de la S.N.C.C (Société Nationale de Chemin de fer au Congo) où elle transportait le sable dans un sac. Ce sable vient d'Idjwi* pour des travaux de construction en ville. Je lui ai expliqué la situation que j'ai laissée à la maison. Elle m'a rassuré qu'elle espérait trouver cet argent avant la tombée de la nuit. Elle ne voulait pas perdre le temps pour gagner plus de tours et ainsi être mieux payée.

J'ai regardé maman porter du sable au dos, j'ai eu pitié. J'ai fait un petit tour au port en le longeant au bord du lac. J'ai découvert un gros bateau en train de décharger la marchandise. Je n'avais pas le choix, je me suis fait inscrire chez une dame qui pointait les tours et vérifiait la marchandise déchargée. Il y avait là beaucoup de camions qui devaient être chargés. J'ai enlevé ma chemise, plié le pantalon et je me suis mis à décharger les cartons de diverses marchandises, de sacs de haricot et bien d'autres produits. Entre 11 h et 16 h, la marchandise était déjà vidée du bateau et chargée dans les camions qui les conduiraient aux dépôts. J'ai perçu mes 15.000FC, j'étais très content. Je suis descendu au lac pour laver mon visage et épousseter mon pantalon. J'ai remis ma chemise et mes souliers pour rentrer à la maison, satisfait d'avoir trouvé les frais scolaires pour ma petite sœur. Le licencié en sociologie était devenu docker. Maman avait gagné aussi quelque chose.

Après le repas du soir, nous avons prié à 23 h. J'ai eu le sentiment que tout mon corps était brisé. J'étais complètement abattu. J'ai même fait l'hémorragie, le sang a coulé dans mon nez. Mais je me suis réconforté en disant que c'était la première expérience, c'était normal. J'ai repris l'expérience le lendemain et il en était ainsi chaque jour, car les bateaux à décharger il y en avait toujours. Mes camarades d'universités ? Chacun a pris son chemin pour aller organiser sa vie, certains sont rentrés donner cours au secondaire en campagne, d'autres ont commencé à conduire des taxis-motos ou de taxi-voitures, d'autres encore ont été embauchés par des ONG et beaucoup d'autres étaient devenus des pasteurs d'églises et d'autres enfin ont préféré rester à la maison, attendre un bon travail qui viendrait d'on ne sait où. Me voilà donc au milieu des dockers, drogués pour la plupart, chantant et dansant à longueur de journée en attendant l'arrivée des camions à charger ou décharger. La question du pain quotidien était au moins résolue. Aussi, je ne me décourageais pas de lire les offres d'emploi chaque soir aux valves des ONG pour voir si je répondais aux critères. Toutes les formules de demandes d'emploi étaient déjà maîtrisées par cœur comme un « Ave Maria ». On commençait toujours par :... *j'ai l'honneur de venir... pour terminer avec... agréez Monsieur le... l'expression de mes sentiments dévoués. Votre futur employé...*

Chaque jour, je devais avoir ma demande à la main accompagnée de mon curriculum vitae contenant tous les éléments qu'on exige : identité personnelle, études faites, expérience professionnelle, autres formations, langues parlées, personnes de référence avec la traditionnelle formule conclusive *« je jure sur mon honneur que ces renseignements sont vrais ».*

Il ne passait pas une semaine sans que je n'aie déposé la demande d'emploi dont je remplissais tous les critères. Après avoir franchi toutes les étapes demandées, je repassais voir la liste des personnes retenues, je n'y figurais pas. Que fallait-il faire en plus ? Il me semble aux dires de mes collègues habitués aux ONG qu'il y a des accords secrets qu'il faut signer avec certains chefs corrompus. Il fallait leur garantir qu'à chaque instant où on aura un peu d'argent, ils auront aussi leur part. C'est la fameuse conjugaison du verbe *manger*. C'est ainsi que beaucoup de chefs ont reçu le surnom de *« Sehemu Yangu »* (*ma part*). Où est la part du chef dans tout ça ? Entend-on dire. La corruption est presque en train de s'institutionnaliser dans tous les secteurs. Monsieur tu viens avec des *longs français*, est-ce comme cela que tu auras le boulot ? Est-ce comme ça qu'on vient voir le chef ? Dans quel monde sommes-nous ? J'étais vraiment étonné d'entendre ce discours.

La loyauté, l'honnêteté, le sens du devoir, la conscience professionnelle ne sont plus les valeurs recommandées au recrutement. Ce sont maintenant des antivaleurs qui prennent de plus en plus une proportion inquiétante.

Un jour, un ami vint m'informer qu'il y a un service de gardiennage qui recrutait les agents qu'on devait payer cent cinquante mille francs congolais chaque mois. L'offre m'avait intéressé. Nous sommes allés nous présenter aussi au bureau de Tigre protection (T.P). Le chargé de recrutement me demanda : quel est ton nom ? Igulu Bendera, ai-je répondu. Votre âge ? 28 ans. Niveau d'étude ?

Licencié en sociologie. Il s'exclama, toi licencié en sociologie trouve-tu normal que tu viennes faire le travail de gardiennage ? Oui Monsieur, avons-nous répondu. J'ai compris qu'il n'était pas convaincu. Il y avait beaucoup d'autres jeunes venus se faire inscrire alors qu'on n'avait besoin que de cinquante. Nous avons désespéré. Après un bout de temps, il nous a invités dans son bureau pour signer un document. Il fallait lui assurer que pendant trois mois nous lui remettrons la moitié de notre salaire. Quoique dubitatifs, nous avons accepté. Au sortir de son bureau, nous avons réalisé que tous les jeunes retenus avaient signé ce document. Néanmoins, ils étaient très contents d'avoir trouvé le travail. C'était comme des captifs qui ne manifestaient aucune colère contre leur état. Telle est la loi du monde. Les esprits faibles finissent par trouver du plaisir dans leurs souffrances.

IL N'YA PAS DE SOT MÉTIER

À 17 h, j'étais déjà au poste, l'ONG « Secours humanitaire » a un grand enclos qui contient beaucoup de bâtiments à l'intérieur, on devait se rassurer si toutes les portes ont été fermées par les collègues de la journée et si tous les véhicules ont été bien garés. En plus de nos uniformes de « Tigre Protection », nous mettions un long manteau noir imperméable à la pluie. La nuit il faisait très froid, car nous veillions dans une paillote pour mieux surveiller les mouvements nocturnes.

C'était pénible, mais on le faisait avec plaisir, car on n'avait aucune autre possibilité de choix. Je devais choisir entre la résignation facile, pavaner avec des titres académiques ronflants, ou combattre et user de moyens honnêtes pour vaincre et survivre avec ma famille.

Les matins, j'étais souvent fatigué et je me reposais pendant au moins deux heures. Vers onze heures j'étais de nouveau au port pour exploiter mes anciennes opportunités, car je savais bien que le gardiennage que je faisais n'était que provisoire. Maman quant à elle ne se fatiguait pas. Elle était soit au port, soit en ville pour revendre du pain et gagner un petit pourcentage. Le combat pour la survie de la famille était engagé avec détermination.

Un matin, je remettais les clés à mon collègue de la journée quand une Jeep Prado klaxonna. Elle était conduite par un blanc qui me salua en entrant. Voulez-vous m'aider à nettoyer ce véhicule ? Oui Monsieur ! ai-je répondu spontanément.

Près de trente minutes après, le Blanc est revenu. Il a apprécié le travail fait. Il m'a pris à bord de la Jeep, car je rentrais aussi à la maison. Nous avons roulé sur le boulevard principal qui porte le nom de Patrice Émery Lumumba. Nous ne nous parlions pas. À la place Mulamba, il m'a dit qu'on irait d'abord à son bureau et qu'il me laisserait partir après. Je n'ai pas trouvé d'inconvénients. Son bureau se trouvait vers Labotte. Cette partie de la ville de Bukavu qui se prolonge dans le lac, un quartier chic. La Jeep est entrée dans un enclos. Il y avait beaucoup de gens qui étaient occupés, je ne savais par quoi. Mais on voyait que tous étaient vraiment affairés, il me conduit dans son bureau.

— Quel est ton nom ?
— Quel est ton âge ?
— Que fais-tu dans la vie ?

Il me posa autant de questions sur mon identité.

— Licencié en sociologie et tu finis ta science en étant sentinelle ?

J'ai répondu que j'étais gardien et non sentinelle. Il s'est mis à rire en ajoutant que c'est la même chose.

— Monsieur Bendera, je vais te donner une occupation. Je t'enverrai de temps en temps sur terrain pour y coordonner les activités.
— D'accord Monsieur, ai-je répondu. Puis-je avoir plus d'explications ?

Il s'est mis debout et m'a demandé de le suivre. Il m'a conduit dans une cave où il y avait beaucoup de sacs soigneusement emballés et rangés. Il me montra quelques pierres. C'est de la cassitérite ici. Là c'est du coltan. Tous ces produits on les trouve en grande quantité dans la forêt de l'est de votre pays et ils coutent cher. Vois-tu ? Il n'est pas normal qu'on soit pauvre dans ce pays. Monsieur William, ainsi s'appelait-il était tout rayonnant de joie en regardant ses sacs remplis de ces produits chers. Je connais très bien Mugogo mon village natal, je connais les deux territoires de Walungu et de Kabare et je connais bien la ville de Bukavu. Quant à Walikale, Shabunda, Numbi, Masisi, Salamabila, je n'avais aucune idée, je n'entends que des noms. Toutefois, la proposition m'a intéressée, il ne restait que quelques détails et modalités de voyage.

Monsieur William m'a mis à la disposition d'un certain Cigolo qui connaissait très bien le terrain et tous les autres détails. Il m'a précisé que dans un premier temps il me paierait trois cent mille francs congolais chaque mois. Prépare-toi, car demain nous devons partir. Monsieur William m'a remis un billet de cinquante dollars et m'a souhaité bonne chance. Cigolo a sorti la Jeep et m'a conduit jusqu'à la maison. J'étais fou de joie. Fini le gardiennage nocturne fini le docker au port de Bukavu.

Je suis devenu maintenant un exploitant minier. Pourvu que ma famille vive. Sois ponctuel demain matin, car nous devons quitter à six heures juste (6 h) me dit Cigolo.

Au retour à la maison, maman était étonnée de me voir très joyeux. Bendera mon fils tu viens m'annoncer tes fiançailles ? En effet, malgré la précarité de nos conditions de vie, maman tenait à ce que je puisse me marier pour confirmer ma maturité et afin de bien assumer mes responsabilités. Comment me marier alors que je n'ai ni travail, ni maison, ni économie ? Pourtant j'avais toute une famille à prendre en charge. Le mariage n'était donc pas une priorité pour moi. La petite Cikwa qui suivait de loin les propos de maman vint en courant. Grand frère, allons-nous avoir une belle sœur bientôt ? J'étais un peu gêné par ce sujet qui me paraissait inopportun. À quoi bon ? Certes Papa m'a conseillé de me marier, et moi-même je savais bien que j'avais l'obligation morale de le faire, mais je savais aussi qu'il ne s'agissait pas de se marier pour le plaisir de le faire. Beaucoup sont les mariages aujourd'hui qui n'existent que de nom. On voudrait être à l'honneur ? Danser à la musique, traîner des cortèges nuptiaux croyant que c'était uniquement ça le mariage.

Cet engagement qui sacralise la personne humaine à travers l'union conjugale devient un acte banal avec lequel on s'amuse. Ces genres de superficialité, d'impréparations ternissent la vraie image du mariage. Plus on célèbre les mariages, plus on assiste aux divorces. Plusieurs familles sont aujourd'hui disloquées à cause de ces mariages non préparés, et non muris. Je sais bien que je dois me marier, mais il faut que je me prépare. Nous avons tellement échangé que j'ai oublié le sujet principal qui est celui de ma mission vers Walikale. Quand j'ai annoncé la nouvelle, tout le monde a approuvé, mais maman s'est tue un moment. À quoi pensait-elle ? C'est suspect ! Elle m'a paru sceptique. Walikale où est-ce ? N'est-ce pas très loin dans la forêt ? Sais-tu comment on vit là-bas ? Qui te soignera là-bas en cas de maladie ? Je crois que nous devons réfléchir encore davantage. NonMaman, la vie c'est aussi un risque, il n'existe pas de vie facile. Elle est une lutte perpétuelle. Après tout je ne serai pas le premier à aller là-bas. Je vais oser et si ce n'est pas prometteur je vais laisser tomber. Que Dieu te protège. Nous prierons pour toi chaque jour. Maman a regagné la cuisine et je suis resté à prodiguer les conseils à Fikiri et aux petites sœurs sur la manière de se comporter durant mon absence.

I L N'YA PAS DE GUERRE PROPRE.

Il était 17 h 30 lorsqu'on a entendu des coups de feu tirés depuis le centre-ville. Que se passait-il ? C'étaient des tirs nourris qu'on entendait. Peu de temps après ceux qui traînaient encore dans la ville ont commencé à rentrer en témoignant de la gravité de la situation. Ils affirmaient que la ville était encerclée par deux bandits lourdement armés et sans pitié. Les forces loyales occupaient la partie ouest de la ville tandis que les bandits occupaient l'Est. Les combats sont d'une extrême violence en plein centre-ville. Le courant électrique fut coupé. Les gens étaient terrés chez eux. Dans un premier temps, j'ai pensé que ça passerait. Nous étions déjà habitués à ces genres d'événements.

Depuis 1994, l'est de la RDC et toute la sous-région des Grands Lacs sont en train de saigner. Les gens y meurent au quotidien. On y tue les présidents, les députés, les intellectuels, les militaires, les évêques, les prêtres, les religieux et les enfants. On y viole les femmes puis on les tue. Les survivants s'il y en a, écriront l'histoire, mais la vie continue. Chacun essaie de lutter pour sa survie en attendant son jour.

À certains on loge une balle dans la tête ou à la nuque, d'autres sont égorgés sauvagement, d'autres encore son étranglés ou on les met dans des sacs qu'on jette après dans le lac. Le lac Kivu aura tout vu aussi de ces ignobleries qui ne disent pas encore leur nom. C'est franchement la saison de la violence et de la mort. Le règne de ténèbres où les monstres sont venus vivre avec les hommes. Bukavu est dans le noir, mais toujours à feu. Les balles sont visibles dans cette nuit noire tel des étoiles filantes. Maman n'acceptait pas que quelqu'un sorte dehors. Je m'inquiétais pour mon voyage, mais on n'y pouvait rien. Pourquoi le tunnel se bouche-t-il chaque fois que j'approche le bout ? Je pensais à la mort brutale de papa juste le lendemain de mon succès académique. Là encore il me paraissait que tout semblait recommencer.

À 7 h du matin, j'ai tenté de sortir dehors pour m'imprégner de la situation. Les cadavres gisaient dans les rues de la ville, nous a affirmé un papa qui était sentinelle d'un dépôt pharmaceutique en ville. Contre qui la patrie était-elle en guerre ? C'est alors que ce papa s'est mis à nous raconter ce qu'il a vu. Ils étaient à quatre et avaient fini la garde. En voulant passer par la place dite feu rouge (il ne reste plus que de noms, on ne voit pas ce feu) ils ont rencontré des hommes armés portant les uniformes des militaires loyaux. Tout le monde *haut les mains*, nous a lancé leur chef. Nous avons obtempéré aux ordres. Vous tous à genoux. De nouveau nous avons obéi. L'un de nous appelé. Buhendwa a commencé à trembler, à s'agiter et à crier ; laissez-moi tranquille, j'ai mes enfants et ma femme qui ont encore besoin de moi. Mes enfants doivent grandir, laissez-moi, laissez-moi.

Idiot, lui a lancé le chef du groupe. Est-ce que tu sais où sont mes enfants ? Où est ma femme ? Je les ai tous laissés pour venir sacrifier ma vie. Nous devons vous libérer. Je vous pose donc la question : qui sommes-nous ? Personne d'entre nous n'avait le courage de répondre. Nous tremblions tous de peur, notre collègue Buhendwa criait et gesticulait de plus belle. Ma femme, mes enfants, je ne peux pas les laisser, je dois les rejoindre chez moi. Je sais qui vous êtes, laissez-nous la paix. Nous nous taisions tous sauf lui, nous avions déjà compris que ce n'étaient pas de bonnes gens qui étaient en face de nous, mais personne ne pouvait le dire tout haut. Buhendwa était-il courageux ou téméraire ? Je l'ai regardé, mais il n'a rien compris. Je lui ai dit en tremblant : tais-toi s'il te plaît, ne vois-tu pas que le grand frère est vraiment gentil envers nous ? Chef vous êtes très gentil chef, le collègue ne le comprend pas encore. J'ai dissimulé un sourire mêlé de peur en le disant. Le chef fixait gravement le collègue imprudent, il ne parlait pas, il transpirait et respirait de tout son corps. Un événement grave est en voie de se passer. Laisse-moi faire, soupira le chef. Je saurai comment le faire taire. Il ne peut pas t'écouter. Il a introduit la main entre sa grosse ceinture et de son uniforme, il a sorti un pistolet. J'ai fermé les yeux. Pan. Pan. En rouvrant les yeux, Buhendwa gisait au sol. Une balle lui a percuté la tête et une autre la poitrine. Le sang coulait, il avait les yeux grandement ouverts. Il y a eu un grand silence, il n'y avait plus de voix, la dernière venait d'être forcée au silence. Tous les survivants n'ont pas droit à la voix. L'exemple est là, on vous fera taire. Demeurer donc sans voix était le seul moyen de vivre. J'avais pris conscience de cela, la communication devait donc changer. Il est possible de le faire, c'est-à-dire accepter sans conviction… Si tu es en face du bourreau de ton père, appelle-le seulement honorable bourreau et tout ira bien.

Dans cette incertitude de ce qui va suivre, j'ai pris le peu de courage qui me restait et j'ai posé la question au Monsieur : Chef, je vois que vous êtes brave, le monde a besoin des gens comme vous. Toutefois, dites-nous chef qui êtes-vous ? Son escorte nous regardait méchamment, le doigt sur la gâchette. J'ai regardé mon collègue de gauche, j'ai vu que son pantalon venait de se mouiller. Certainement par peur il a uriné dedans. C'était un moment fatidique. Le chef a répondu nous sommes les « INVITES » et il s'est tu. J'ai repris, bienvenue chez nous chers invités honneur et vie à vous et à celui qui vous a invités, sentez-vous en l'aise. Ils étaient tous contents, ils m'ont remercié, puis le chef nous a demandé de partir. Nous avons voulu arranger le corps du collègue en lui fermant les yeux en guise d'hommage, le chef nous en a empêchés. Il a même ajouté qu'il y a des personnes qui n'ont pas droit à la sépulture. Je me demandais dans quel siècle nous étions.

Antigone, la fille d'Œdipe n'avait-elle pas été condamnée à mort pour avoir enterré son frère Polynice malgré l'interdiction du roi Créon ? Elle a ainsi défendu un devoir moral qui surpasse les fausses justices et les raisons d'État. Tobie n'accomplissait-il pas aussi ce devoir qu'il estimait religieux en ensevelissant ses frères tués en captivité ? Voilà la nouvelle génération au 21ᵉ siècle qui estime que certains n'ont pas droit à la sépulture. C'est de la vraie barbarie. Néanmoins, pour survivre il fallait dire que c'est formidable, c'est affable cette mesure. Nous avons guetté son corps inanimé. Les yeux ouverts comme pour se moquer de nous les lâches survivants. Le groupe était réduit, nous étions désormais trois. Nous nous sommes sentis humiliés, déshonorés. La sentinelle a fondu en larmes. Il nous a quittés en disant qu'il ne dirait rien à sa famille. Elle constatera seulement qu'il n'est pas rentré. Le Monsieur a poursuivi sa route, il vivait un peu loin vers Ciriri. Qui sont ces invités ? Que cherchent-ils ? me demandais-je. En ce moment même les tirs ont repris de plus belle. Nous ne savions même pas qui était en train de gagner le terrain. Peu après, on nous a appris que les « invités » contrôlaient toute la ville. C'était le début d'une apocalypse sans précédent. Après la fin de leur mission, nous sommes allés voir ce qui s'est passé. Toute la ville était en ruine, les maisons détruites, les cadavres jonchaient les rues de la ville. L'heure des humanitaires était venue pour « humaniser » les enfants traumatisés, les femmes violées. Toute la ville était en deuil, chaque famille avait quelqu'un à pleurer. Un papa, une maman, un frère, une sœur, un ami, un voisin. C'est toute la nation qui était humiliée. Les agents de la croix rouge ramassaient les cadavres et allaient les enterrer dans une fosse commune. Ceux qui étaient tués dans leurs maisons étaient enterrés dans leur parcelle, parce qu'impossible d'aller aux cimetières. La ville avait l'odeur des cadavres. Les invités quant à eux, en partant avaient dit qu'ils étaient disponibles à revenir chaque fois qu'on aurait besoin d'eux. La parole de Dieu choisie lors de la prière pour le repos des âmes de toutes les victimes, tirée de Tobie disait : il *y a quelqu'un de notre peuple qui vient d'être assassiné, il a été étranglé puis jeté sur la place du marché et il y est encore ». Je rentrais me laver et je mangeais mon pain dans le chagrin avec le souvenir des paroles du prophète Amos sur Bethel : vos fêtes seront changées en deuils, et tous vos cantiques en lamentation. Et je pleurai. Puis quand le soleil fut couché, j'allais, je creusais une fosse et je l'ensevelis.* Quant au Psaume 79, le peuple tout entier le récitait machinalement dans un état de choc : *Dieu, ils sont venus, les païens dans ton héritage, ils ont fait de Jérusalem un tas, ils ont versé le sang comme l'eau à l'entour de Jérusalem et pas un fossoyeur. Nous voici l'insulte de nos voisins, faible et risée de notre entourage. Jusqu'à quand Yahvé ta colère ?....* Les noms de toutes les victimes connues étaient cités à haute voix et une minute de silence a été observée en mémoire de toutes les autres victimes inconnues. Dans l'assemblée, on reconnaissait la présence de quelques bourreaux et ils étaient aussi vêtus en noir et paraissaient recueillis autant que les personnes éprouvées. Dieu seul qui sonde les cœurs voyait l'état de chacun, la part de chacun dans le malheur que subissait la nation.

Seulement ces genres de comédies sont très fréquents en Afrique. Les bourreaux viennent souvent pleurer leurs victimes. Ils prononcent des oraisons funèbres et s'en vont sûrs d'avoir accompli la mission. Ainsi la confusion est semée, les coupables deviennent les victimes et les innocents deviennent des coupables.

S'ENRICHIR A N'IMPORTE QUEL PRIX

Après que les choses se soient relativement calmées. Après le carnage, les pleurs et les lamentations, la vie devait continuer. Je suis passé au bureau du comptoir Intersol pour voir ce qui s'y était passé durant le siège de la ville. Je m'attendais au pire. Surprise ! le comptoir fonctionnait normalement, tout le personnel était là et en œuvre, aucun signe de détresse. Monsieur William m'aperçut depuis sa fenêtre, il m'interpella d'un ton rigoureux. J'ai compris que les choses risquaient de se gâter. Voyez-moi ce timoré, lança-t-il avant même de me saluer. Tu n'as donc pas de cœur ? Espèce de faiblard. Ce sont de pareilles circonstances qui me permettent de choisir mes collaborateurs. Il criait fortement, comme quelqu'un qui allait vomir sa langue. Veux-tu préserver ta vie ? Où travailler ? Où étais-tu pendant tous ces temps ? On tirait de partout et il n'y avait pas moyen de passer et hier je suis allé réconforter une famille éprouvée qui m'avait beaucoup soutenu à la mort de mon père avais-je répondu timidement. En entendant cette réponse, Monsieur William était fou de rage. Faut-il pleurer ton père pendant combien de temps ? Tu penses consoler toute l'humanité ? Si tu trembles devant une petite recréation comme celle qu'il y a eu ici, sauras-tu affronter les événements graves qui vont venir ? Tu es comme un gros bébé, tu t'agites pour trois jours et quand tu en auras pour des années ? Tu t'affoles pour les quelques dizaines de morts et quand tu en auras pour des centaines de milliers ? Où iras-tu les enterrer ? Écoute jeune homme, je vois que tu n'as aucune expérience de la vie. Tu as beaucoup de qualités qui malheureusement s'opposent à la méthode de gagner de l'argent. Toi qui aimes lire la bible, le Christ n'a-t-il pas dit : « Laissez les morts enterrer leurs morts ? »

Quelqu'un qui n'est pas capable d'affronter la mort ou même de donner la mort ne mérite pas d'avoir l'argent parce qu'il n'en connaîtra pas le prix. L'argent a un prix et son prix c'est ta vie ou la vie de l'autre, ton sang ou le sang de l'autre. J'étais sidéré en entendant cette morale sur l'argent. Il eut un moment de silence, puis il sortit 20.000 FC d'un tiroir et me demanda de me présenter demain à 8 h pour avoir un nouveau programme de voyage. À demain petit timoré, a-t-il plaisanté. Merci papa, ai-je répondu. En sortant du bureau de Monsieur William, j'ai salué tous les amis du comptoir qui me connaissaient déjà. Ils étaient contents de me revoir. Cigolo est venu m'accompagner et m'a affirmé que tout au long de la guerre urbaine qu'il y a eu, le comptoir n'a jamais fermé. Ces genres de circonstances avantagent beaucoup l'entreprise, car il n'y a pas de taxes, et de contrôle, et les commandes se passent aisément. Nous travaillons nuit et jour, nous traitons la matière, nous l'emballons et nous l'évacuons, car la circulation est libre. S'absenter donc pendant ces temps est une trahison pour le chef et se présenter est un signe de loyauté et de courage or, tu sais très bien que plus nous travaillons, plus nous gagnons nous aussi. Sachez-le désormais.

À la maison, une autre surprise m'attendait. Toute la famille de mon oncle maternel était présente aussi là, mais lui je ne le voyais pas. Sa femme et ses trois enfants étaient là, notre maison avait l'allure d'un deuil. Mon oncle Samson était de ma génération, seulement il s'était marié tôt. Son fils aîné Espoir était en 3e année Biochimie à l'École d'Application pédagogique. Il était très intelligent à l'école et il aimait bien ses études. Il rêvait être un jour pilote d'avion. Pendant la guerre, les invités sont entrés dans la maison et l'ont pillée. Ils ont humilié Rose, la femme de mon oncle ainsi que sa fillette Perrine de 11 ans. Mon oncle Samson, maîtrisé par ces bandits à assister à la scène, impuissant. Il s'est senti blessé et incapable de supporter cet opprobre, il a succombé d'une crise d'hypertension, on l'a enterré dans la précipitation. Nous n'étions pas informés, car pendant le siège de la ville, toute la communication était coupée. Il était aussi difficile d'arriver chez eux, car ils vivaient vers le camp Saio où il y a eu de très violentes batailles entre belligérants.

Rose a tenté plusieurs fois de se donner du poison et Espoir l'en empêchait. Le récit était horrifiant. Papa Bendera mort, me voici de nouveau en face d'autres questions sans réponse. J'ai pris Espoir et Fikiri et nous nous sommes promenés un peu dans le quartier. Les deux ont commandé du sucré tandis que moi, voulant tout oublier j'ai pris une boisson forte, appelée « *Furaha*. Elle est contenue dans de petites bouteilles officiellement prohibées, mais elle se vend au vu et au su de tous. Fikiri mon petit frère s'est inquiété.

Grand frère Igo ! Ce n'est pas le moment de boire ces genres d'alcool, il nous faut plutôt penser à résoudre les problèmes que la liqueur ne peut résoudre. Ne vous découragez pas.

C'est vrai tu as raison Fikiri, l'interpellation est allée droit dans mon cœur. J'ai payé la facture et nous sommes rentrés à la maison. J'ai tenu la famille au courant de mon programme du lendemain. Le petit Espoir, conscient de la situation m'a avoué qu'il ne se voyait pas rentrer à l'école. Il m'a proposé donc de le conduire au port de Bukavu pour qu'il soit initié au travail de docker. Il pourrait ainsi accumuler un peu d'argent pour reprendre les études l'année scolaire prochaine. Ce gamin de 14 ans avait-il la force de supporter 50 kg sur sa tête ? Tout de même le petit était déterminé à lutter pour son avenir. Je lui ai demandé de me laisser le temps de réfléchir et le matin je lui donnerai la réponse. Le soir, nous avons mangé du foufou avec du bon poisson que j'ai acheté au sortir du comptoir INTERSO. Après le repas, nous avons prié ensemble et chacun s'est retiré dans sa chambre pour aller dormir. L'ambiance était très sympathique et malgré la nouvelle de la mort inopinée de mon oncle Samson, sa famille était consolée par notre accueil.

Les souvenirs de la journée me revenaient à l'esprit, la colère de Monsieur William le directeur du comptoir INTERSOL. Se servir de tous les moyens même malhonnêtes pour gagner de l'argent ! L'argent il est vrai, nous en avons tous besoin, mais penser qu'il peut résoudre tous les problèmes de la vie ; chercher à l'obtenir même au prix du sang des autres ; priver les autres de leur liberté, de leurs droits les plus fondamentaux pour le gagner seulement. Ce chemin de la honte et du malheur, moi je le refuse, tout le monde n'a pas une âme d'esclave.

J'ai proposé à Espoir de m'accompagner au comptoir pour l'aider à oublier les événements dramatiques qu'il a vécus.

Monsieur William qui a vu Espoir avec moi m'a demandé d'entrer à son bureau avec lui. Il m'a posé plusieurs questions sur le petit Espoir. Son âge, ses études, son tempérament, ses parents. Après une petite réflexion, il a ajouté : il nous sera utile. Prépare-toi, demain tu devras te rendre à Walikale, il y a urgence et nos stocks sont menacés par les autochtones en colère. Il faut tout faire pour les embarquer et les expédier ici. Babel est là et il te donnera d'autres détails. Puis il toucha Espoir sur les épaules et lui dit : veux-tu aller avec ton frère ? Spontanément il répondit par : oui je peux. Vraiment ! Insista Monsieur William, oui Monsieur je suis en mesure, ajouta Espoir. Qu'en penses-tu ? Igulu.

Je ne trouve pas d'inconvénient, ai-je répondu. D'ailleurs je me disais que c'est pour lui une occasion d'oublier les événements malheureux qui sont encore récents en lui.Il a vu son père s'effondrer entre ses mains. Parce qu'il n'a pas supporté vivre avec cette infamie. C'est ce petit orphelin qui se retrouve sur les chemins dont il ignore l'issue. Il prit un gros registre bleu et y nota toute l'identité quand il demanda ses pièces d'identité, le jeune Espoir répondu qu'il n'en avait pas. Il sortit alors sa carte d'élève et la montra à Monsieur William. Ça ne m'intéresse pas, dit-il.

Le comptable va remettre à chacun 200 $, le reste de la charge Babel pourvoira sur place à Walikale. Si vous êtes courageux, vous deviendrez riches comme moi. Travaillez donc beaucoup. N'allez pas passer le temps à pleurer les morts.

Creusez le sol, percez ce sol vous y trouverez le secret de la richesse. Allez, bonne chance !

Toute la famille savait bien que j'avais le programme de partir, mais personne ne savait que Espoir partirait aussi, moi non plus je n'en avais pas l'idée. Sa maman était en état de choc. Elle hésitait beaucoup, mais elle n'avait pas le choix. Par quel moyen allez-vous voyager ? demanda maman. Nous prendrons un camion très tôt le matin au marché de Nyamugo à Kadutu. Puis elle s'exclama, c'est quel genre de travail pour tout un licencié ? Où vont vous conduire ces chemins ? Qu'est-ce qui va me rester ? Restez ici ? La famille mourra de faim, aller si loin à la recherche de la vie ? Je cours le risque de me voir pleurer le mari et pleurer le fils dans l'espace de quelques jours. Ne serons-nous jamais heureux dans la vie ? Mon Cœur n'aura-t-il jamais la paix, la joie le bonheur ? Il est toujours rempli de chagrin et mes joues arrosées de larmes. Dieu est-il vraiment juste ? Pourquoi garde-t-il silence à mon cri ?

Et ces misérables monstres qui se rassasient des pains des pauvres, qui se désaltèrent du sang des innocents. Comment osez-vous prendre en otage des millions des pauvres, vous leur promettez la joie et le bonheur du bout de lèvres, mais ils n'ont que la peine et le deuil. Nous n'avons plus la joie, notre vie n'est plus que larmes. La nation entière est dans l'angoisse : les orphelins, les veuves, les enfants abandonnés, les enfants non scolarisés ; les malades non soignés, les prisonniers innocents, les exilés, les chômeurs. De qui êtes-vous dirigeants finalement ? Quel bonheur avez-vous à être des dirigeants riches pour un peuple misérable et pauvre ? Ah Bendera mon amour, paix à ton âme, si en ce moment tu étais avec moi ? Tu me réconforterais le cœur, tu serais mon soutien et mon appui, mais hélas ! Tu es parti si tôt… elle éclata en sanglots en se retirant dans sa chambre.

SUR UNE ROUTE INCERTAINE

Il faisait froid, Espoir et moi avions mis nos jaquettes pour faire face contre le froid. Nous avons pris place à bord du camion dit Fuso de marque japonaise. Il était chargé des divers produits manufacturés. Des bidons vides étaient attachés de part et d'autre du camion, ils serviront à ramener de l'huile de Bunyakiri. La majorité de passagers était des femmes.

En effet depuis que le travail dans certains pays africains est devenu le monopole d'une poignée de gens, la grande partie de la population est au chômage. Les fonctionnaires de l'État sont jetés dans l'oubli. Ce sont les femmes qui ont pris la relève en faisant de petits commerces, parfois à leurs risques et périls. Le camion a démarré, nous avons dépassé la place de l'indépendance en prenant la direction du nord. À une vingtaine de kilomètres, le camion a viré vers la gauche en direction du parc de Kahuzi-Biega. Sur un sol argileux. Nous avons roulé à grande vitesse.

Je regardais de temps en temps Espoir, il n'avait aucune inquiétude. Il souriait. Il gesticulait. Il me racontait les histoires, il parlait du football qu'il aimait tant. Il connaissait tous les grands joueurs et leurs équipes. Il a toutes les nouveautés dans l'actualité du football. Il parlait parfois du cinéma, surtout les exploits du célèbre Jack Bauer héros du long métrage 24 h Chrono. Nous avons dépassé les cités de Bunyakiri et de Hombo. Nous avons même oublié que nous étions en voyage. En pleine forêt vers Matamba, brusquement un homme a surgi de la brousse, Kalachinkov à la main, il nous a arrêtés par un signe de la main. L'homme avait un vieux maillot de Real Madrid. Son pantalon était un uniforme militaire et sur sa tête un béret rouge.

Il portait de vieilles sandales en plastique. Un essuie-main enroulé au cou. Tout le monde au sol cria l'homme armé, le chauffeur n'a pas bougé et personne n'a bougé parmi les passagers. Voyant que nous ne bougions pas, il s'est senti humilié, il a sifflé deux fois de sa bouche. De part et d'autre de la route, les hommes armés sont sortis comme des fournis. J'ai regardé Espoir, il était serein. Ils nous ont brutalisés en nous faisant descendre par la force. Ils ont fouillé tout le monde et pris tout ce qu'il y avait comme argent, montres, chainettes, bijoux et autres effets personnels. Ils nous ont séparés de femmes, ensuite ils ont fouillé systématiquement le véhicule, ils se sont emparés des habits, des cigarettes, de la bière, et des médicaments. Une femme a tenté de résister quand on lui arrachait la chainette elle a reçu une balle dans la tête et elle est morte sur le coup.

Nous avons tous tremblé de peur. Tout le groupe fut encadré par les assaillants, les hommes ont reçu l'ordre de transporter le butin sans savoir où on allait, nous avons emprunté un sentier dans la brousse. Après 6 heures de marche, nous avons atteint un village appelé Bangi. Nous étions tous épuisés de faim et de marché.

PRISONIERS OU LIBÉRATEURS ?

Le camp était constitué des huttes faites en Paille. Autour du camp il n'y avait que la forêt, on entendait les bêtes sauvages crier tout proche de nous. Les officiers étaient logés vers le sud du camp et les hommes de troupe vers la partie nord du camp où plusieurs huttes étaient construites pour les miliciens locaux.

Nous étions prisonniers et bien gardés par des hommes bien armés de lances et des fusils. Espoir n'était pas beaucoup inquiet sauf qu'il avait un peu de fatigue. Nous tous d'ailleurs, car nous avions voyagé depuis le matin. Les hommes ont été encore une fois séparés de femmes. Nous avons été conduits dans un hangar ou le grand commandant des « patriotes » nous attendait, assis sur une chaise en plastique et devant lui une table. Il nous appelait un à un. Chacun présentait son identité. Arrivé chez Espoir, le commandant l'a fixé. –

— Quel est ton nom ?
— Espoir Bendera
— Comme lui ? En me désignant du doigt.
— Oui Monsieur reprit Espoir
— Il faut dire chef jeune homme, avec un ton très sévère
— Merci chef.
— Le commandant sourit un peu puis continua
— Tu peux faire un bon soldat Espoir !
— Je suis encore petit enchaina Espoir
— À qui veut sauver son pays l'âge compte moins répliqua le chef.

C'est en pleine forêt équatoriale. Que cette fameuse révolution se déroulait. Quelle révolution ? On vivait des produits de champs et des bêtes domestiques volés chez quelques villageois avoisinants le camp. C'est ainsi qu'au camp on avait beaucoup des chèvres, des poules et même quelques vaches qu'on égorgeait régulièrement. L'armée des révolutionnaires était donc nourrie par les produits des champs et d'élevage des pauvres villageois qui n'avaient aucune autre ressource.

Deux coups de sifflet ont suffi et en peu de temps toute la cour était remplie de ces jeunes révolutionnaires qui se sont rangés en ordre. Selon leurs divisions. Nous avons été présentés, il nous était reproché de faire le commerce pendant que le peuple se mourrait. Nous devons tout arrêter jusqu'à la libération totale de l'Afrique. Nous a dit le commandant Dracula. Il a avancé vers les troupes bien rangées et prit Parole en ces termes : chers combattants, vous savez bien que le pays est en guerre. Il est pillé et vendu aux prédateurs, ces vautours et leurs complices. Nos terres et nos richesses ne nous appartiennent plus. Elles sont chez nous, mais enrichissent les autres et les autorités laissent faire. Réveillez-vous et libérez la nation. Lumumba n'a-t-il pas été tué par ces traîtres ? Oui ou non ? Tous répondirent en chœur oui. Et Laurent Désiré Kabila n'a-t-il pas été abattu par ces mêmes traîtres ? Oui ou non ? Tous répondirent encore en chœur oui. Désormais, poursuit le commandant Dracula, nous interdisons toute activité commerciale. Pas d'école, pas de culte religieux, pas de mariage, pas de fête jusqu'à la victoire totale, n'est-ce pas ? Tous répondirent par un grand oui.

Tous les jeunes doivent prendre les armes pour bouter hors le pays ces voleurs et ces criminels. Tous ont applaudi et ont entonné spontanément les chants dits révolutionnaires.

— Kazi tuliopewa na Lumumba Tumeimaliza[2].
— Dites à maman que je vais à la guerre. Ce n'est pas de ma faute, ce sont ces cancres qui ont provoqué la guerre.

---

[2] Tant pis pour notre mort, car d'autres naîtront pour libérer la nation .

Tous les jeunes sont en guerre contre eux. Les jeunes chantaient avec joie et pleins d'enthousiasmes, ils battaient les mains et poussaient des cris de victoire. Espoir était déjà gagné. Il reprenait régulièrement ces refrains des chants révolutionnaires. Au bout de la parade, le commandant demanda à son adjoint le colonel Pamba Alias *Maiti de poursuivre le programme de la journée.

Chacun de nous a pris un matériel de travail. Il y avait des bêches, des burins, des barres de mines, des marteaux… Nous avons été poussés sur un chantier en pleine forêt dense. Il nous a fallu deux heures pour atteindre la carrière. Celle-ci est un grand puits où se trouvaient déjà certains combattants qui étaient au travail.* *Maiti signifie cadavre en swahili*

Nous sommes directement descendus dans la galerie pour commencer à percer le flanc de la colline. Il faisait très noir dans les puits. À chaque pincement du sol, nous sortions les fragments de cassitérite. Chacun de nous devait stocker une grande quantité de ces pierres pour mériter la confiance du chef. Le travail se terminait le soir et nous rentrions immédiatement au camp où on apprenait à utiliser les armes à feu. Espoir n'avait plus de problème, il s'était déjà fait beaucoup d'amis, il était apprécié à cause de ses qualités et de sa souplesse. Tous les commandants l'aimaient beaucoup et l'avaient surnommé Bebeto. Lui-même apparemment était déjà content de sa vie et il ne se gênait pas du tout.

Quant à moi, je constatais que le commandant Ombeni surnommé Cobra était très sympathique envers moi, il ne cessait de me demander de petits services et de solliciter ma compagnie de temps en temps. Plusieurs fois, nous faisions face à d'autres milices qui venaient nous attaquer. Ce que je ne comprenais pas est qu'on ne nous attaquait que quand nous avions des stocks de cassitérite et de Coltan. Il y avait rarement des dégâts humains, car nous recevions souvent l'ordre de nous replier et à l'issue de l'attaque, seuls les produits miniers étaient pillés. Il était difficile de comprendre pourquoi nous n'opposions aucune résistance alors que chaque soir nous nous entraînions à la guerre. Quelque temps après, une attaque nous avons reçu quelques visiteurs, ils étaient trois et ressemblaient aux hommes d'affaires, ils étaient très bien habillés et étaient en bonne santé. Ils ont beaucoup parlé avec les commandants du quartier général. On dirait qu'ils se connaissaient depuis longtemps. Personne n'a voulu savoir qui ils étaient.

Vers 17 h, Espoir devenu Bebeto à cause de sa jovialité, est venu me voir dans ma cabane. J'étais très fatigué, car la journée avait été très longue. Il faisait près de trois mois que nous étions dans cette captivité où l'on menait une vie des condamnés à mort, j'avais maigri de souci, je pensais à ma famille et à tous les miens, à mes projets et à notre comptoir INTERSOL, à notre Boss Mr Dan William, mais hélas, ils étaient si loin de moi. Perdu dans cette jungle congolaise, il était difficile ou pratiquement impossible de communiquer, car il n'y avait aucune couverture téléphonique. Bebeto quant à lui s'était déjà intégré. Il a rencontré un grand nombre d'enfants de son âge, capturés et dupés comme lui. Dans leur innocence, ils appréciaient la formation militaire qu'ils recevaient ainsi que celle des arts martiaux. Ils se disaient commandos, destinés à libérer la nation des mains des criminels et des prédateurs, ils rêvaient réaliser les exploits tels qu'ils le voient dans le cinéma de Jack Bauer, de commando Schwarzenegger, de Chuck Norris ou de Jean Claude Van Dame. Je devais dissimuler mon souci et mon tourment quotidiens pour ne pas l'ébranler.

Grand frère Igo bonjour. Bonjour Bebeto, ai-je répondu. Vous qui avez beaucoup étudié, je suis certain que quand nous allons libérer la nation, vous serez un grand ministre, n'est-ce pas ? Nous avons beaucoup bavardé avec Espoir et j'ai tout fait pour le mettre à l'aise afin de ne pas le décourager. Nous n'avions surtout pas droit au découragement. Je n'étais pas en mesure de localiser Bukavu, Kisangani ou Goma. Tout n'était que forêt. Brousses, arbres géants, il nous arrivait de temps en temps de sortir pour des expéditions contre les villages voisins. Quand au Q.G il n'y avait plus de ration alimentaire, on descendait dans les villages voisins pour nous ravitailler, mais officiellement le commandant nous disait qu'on allait repousser une attaque des ennemis de la nation. Les jeunes gens de 13 à15 ans passaient devant à la première ligne de front. Le commandant Dracula nous avait ordonné de tirer sur tout ce qui bouge. La destination était le village de Katake, non loin de notre Q.G de Bangi. Les commandants Dracula et Barabbas dirigeaient les opérations. Arrivés à 1 Kilomètre de Katake, nous avons reçu l'ordre d'attendre. Je m'inquiétais pour Bebeto. Il avançait avec certitude. Je pense qu'il était content de participer pour la première fois à une opération militaire.

À 20 h Barabbas tira une fois en l'air, tous nous avons poussé des cris sauvages et avons attaqué Katake par le Sud. Nous avons fouillé toutes les maisons coin par coin ainsi que toutes les valises. Tout ce qu'il y avait de valeur était emporté : l'argent, les bijoux, les minerais, les poules, les chèvres, les cobayes et d'autres biens précieux. J'ai vu certains de nôtres commettre les actes de viols auprès des jeunes filles mineures qu'on a surprises dans leur sommeil. Innocentes, surprises par des visiteurs indésirables que nous étions. En cas d'une moindre résistance on abattait à bout portant la pauvre résistante pour la faire taire définitivement. Prisonnier, j'étais obligé à être complice d'une telle ignominie. Jusqu'à 3 h du matin nous avons repris notre route pour regagner le Q.G, emportant nos butins, laissant derrière nous un village désolé. Il y avait près de 8 morts, plusieurs blessés et plusieurs femmes violées.

Sur le chemin de retour, nous chantions nos joyeux chants de la révolution telle « la mission que nous a confiée Lumumba est accomplie », « jeunes levez-vous pour libérer la nation »... Telle est l'image de la révolution dans le continent noir. Tuer les victimes innocentes ; violer les femmes en les humiliant, piller les richesses d'une paisible population en soi appauvrie et oubliée par les décideurs. Droguer les pauvres enfants, mon cousin Bebeto y compris, pour les exposer et les inciter à commettre les actes de barbarie, voilà la révolution à l'africaine.

Au Q.G nous avons remis tous les butins entre les mains des commandants Dracula et Barabbas qui dirigeaient les opérations. Au cours d'une parade militaire, Barabbas remercia tous les soldats de leur bravoure lors de l'attaque sur Katake, vous avez abattu un grand travail. Vous êtes des vaillants combattants. Attendez-vous à d'autres opérations, car la révolution doit poursuivre son chemin, ne dormez pas sur vos lauriers. Le soir nous avons mangé un bon repas accompagné d'une bière locale tirée des palmiers et de la liqueur faite aux maïsLocalement appelée Lutuku. Tous les combattants étaient fous de joie, ils chantaient et dansaient en poussant des cris sauvages et en scandant des chants « révolutionnaires ». Je faisais semblant de me réjouir avec eux pour dissimuler ma peine. J'étais vraiment un exilé, un capturé loin de tout ce qui m'était cher. Ma Bukavu natale, mes amis, ma famille, mon village natal, sans oublier l'entreprise INTERSOL. J'ai fui avec ma famille l'insécurité à Mugogo, pour la ville de Bukavu où nous avons été torturés par la faim, où l'opulence des uns se moque de la misère des autres. Lorsque les uns jettent chaque jour le repas dans les poubelles, les autres meurent de faim. Me voici perdu, prisonnier dans une jungle quelque part en Afrique où l'incurie et le chaos font la loi. Rêverai-je encore les miens ? Retrouverai-je encore ma Bukavu natale ?

Ah. Papa Bendera Cihugo, voici votre successeur captif dans la jungle, la famille désorientée et humiliée. Le temps nous a joué de si mauvais tours, que tous les espoirs juvéniles se sont volatilisés dans la nature.

LA RENCONTRE DES ÉGARÉS

Il était 16 h, je me reposais dans ma cabane en attendant les techniques de guerre au champ de tir plus au sud du Q.G, un combattant vint me signaler que le commandant Ombeni Allias Barabbas me cherchait. Il m'a reçu dans sa case, il m'a posé plusieurs questions sur mon passé, sur mes origines… C'est au cours de cet entretien qu'il me révéla qu'il fut mon élève à l'institut Babusi de Mugogo. Ombeni Bisimwa était son nom, il m'avait posé la question au sujet de Mobutu présenté comme bourreau de Lumumba et pourtant c'est lui qui l'élève au rang de héros national. Je l'ai regardé et j'ai eu pitié d'un jeune homme qui était très brillant à l'école. Je me suis rappelé le jour où il fut chassé de l'école faute des frais scolaires. Depuis lors, je ne l'ai plus revu. Je n'avais pas d'autre choix m'a-t-il dit en me fixant les yeux. Oui je comprends, ai-je repris. Du fond de mon cœur je me suis dit, ce jeune garçon très brillant à l'école n'a pas eu d'autre choix que d'aller chercher son avenir quelque part dans la forêt congolaise.

C'était des retrouvailles émouvantes et bouleversantes. Deux jeunes vies qui rêvaient des grands espoirs pour leur avenir se retrouvent dans une errance loin dans la jungle où les slogans révolutionnaires ne peuvent pas franchir l'épaisse forêt. Hier l'un apprenait à l'autre la science, aujourd'hui c'est ce dernier qui lui apprend à libérer l'Afrique à partir d'une colline perdue dans cette immense Afrique. Tous deux sont dans une quête désespérée de leur avenir gâché.

Toutefois, le commandant Barabbas m'a révélé que tous mes élèves étaient très contents de moi et de mes leçons, ainsi que des conseils que je leur prodiguais, il a repris avec beaucoup de regret qu'il ne pouvait pas faire autrement.

Je n'avais jamais pensé faire le maquis dans ma vie. Je voulais être médecin ou ingénieur agronome. La société ne m'a pas donné une autre possibilité de choix. Ainsi au lieu de me retrouver dans la rue, la seule possibilité qui me restait était de rejoindre ce groupe armé. L'expérience nous a démontré que tous ceux qui viennent des groupes armés sont récompensés par des postes importants, parfois, même au plus haut sommet de l'État.

L'histoire récente de l'Afrique nous donne plusieurs exemples. J'ai bien observé l'évolution de la situation chez nous, et j'ai conclu que toutes les belles théories que vous nous enseigniez à l'époque n'étaient bonnes que pour les élèves et les universitaires. J'ai alors pris l'option de m'engager dans ce groupe armé, loin de mon village natal pour qu'on me respecte. Je suis certain que le pouvoir viendra négocier avec nous et au bout de ces négociations nous aurons d'importants postes au sein du gouvernement. Il faisait déjà nuit et nous avions allumé une petite lampe à pétrole, du coup l'un des visiteurs pénétra dans la cellule pour dire au commandant qu'il rentrerait le lendemain. Je suis intervenu en demandant au visiteur qu'il partirait où. Pour Bukavu a-t-il ajouté brièvement.

Comme on ne s'est pas entendu sur le prix, nous irons parler avec d'autres combattants. J'ai vite compris que l'homme était un négociant de minerais, mais il était déçu. J'en ai profité pour dire au commandant Barabbas qu'ils pouvaient essayer le marché avec le directeur d'INTERSOL, car souvent il négociait bien ces genres de marchés. Je ne le connais pas a-t-il dit. J'ai dit que moi je le maîtrisais bien. Il est allé en parler au commandant Dracula. Il n'y a pas d'inconvénient a-t-il dit. Seulement je devais mettre par écrit un engagement que je rentrerai et si je ne rentrais pas, mon cousin Bebeto paierait les frais.

Après m'avoir posé des questions sur mes connaissances avec le directeur William, et reçu toutes explications de ma part, ils ont décidé de me laisser partir. Attention Monsieur. Ajouta avec un air sérieux, le commandant Dracula, si tu oses nous fausser compagnie, j'aurai le plaisir d'égorger Bebeto ton cher cousin en le coupant morceau par morceau en commençant par l'oreille gauche. C'est bien compris ? Oui chef ? ai-je répondu, c'était une surprise agréable, je suis sorti en toute vitesse, bondissant de joie. Arrivé devant la cabane de Bebeto, j'ai toqué, il n'y était pas, il bavardait dans la cabane voisine chez son meilleur ami Cherif, ils avaient tous 14 ans. Cherif aussi a été capturé comme Bebeto tandis qu'il était avec ses parents dans une Jeep en provenance de son village natal de Itebero et se rendait à Bukavu. Ils sont entrés dans une embuscade, ses parents ont été tués, mais lui a survécu de ses blessures et a été enrôlé dans la milice. Ils étaient tellement proches et liés l'un envers l'autre. Seul le sommeil les séparait. J'ai demandé à Bebeto de me suivre. Je lui ai tout expliqué et il a compris.

— Bebeto ! je reviendrai bientôt
— Oui grand frère je sais qu'on s'en sortira.
— Sois sage Bebeto
— Prend soin de toi grand frère Igo.

Il a gardé son sang-froid, il m'a seulement demandé un papier et un stylo, car il voulait écrire une lettre à Pierrine sa petite-sœur, il a pris une bougie chez moi et une vieille revue pour servir d'écritoire et s'est retiré dans sa cabane. Je n'avais pas grand-chose à préparer. Je n'avais ni valise ni sac à dos, j'ai juste pris un sachet bleu où j'ai glissé un pantalon qui n'a pas été lavé depuis trois mois et une vieille chemise. J'avais encore mes pantoufles, heureusement.

Depuis trois mois, je ne savais pas à quoi ressemblait le dentifrice, on se lavait dans la rivière sans savon. Le lait de beauté n'en parlons pas. Le commandant Barabbas est entré chez moi pour me demander de ne pas abuser, car ça serait dramatique pour mon cousin Bebeto. Cette sortie t'aidera à découvrir beaucoup de choses prof., car c'est ainsi qu'il m'appelait désormais, courage et prend soin de toi, a-t-il lancé en partant. Vers 22 h Bebeto est revenu. Je l'ai de nouveau rassuré : Espoir mon frère n'ait pas peur. Je te reviens bientôt, je ne peux pas t'abandonner ici. Je vais juste exécuter cette mission qui certes nous aidera à nous tirer d'ici. Sois fort et prend courage. Espoir par contre manifesta sa satisfaction de voir que je verrai la famille. Grand frère Igulu, saluez toute la famille en général, mais de manière particulière remettez cette lettre à ma très chère petite sœur Pierrine. Elle était ainsi libellée :

Chère petite sœur Pierrine, bonjour.

C'est un plaisir pour moi de vous écrire cette lettre, car ça fait 3 mois que nous nous sommes quittés dans des circonstances inattendues que vous connaissez. Depuis la mort brutale de Papa et les humiliations dont notre famille a été victime, je me suis résolu par tous les moyens à préparer la vengeance contre ce système qui entretient l'incurie en Afrique. La mort inopinée de Papa ainsi que les circonstances qui l'ont entourée nous ont déshonorés, et je supporte difficilement le déshonneur. Voilà pourquoi, je suis ici à Bangi au Q.G des combattants révolutionnaires. Sois rassurée que je reviendrai victorieux, je vengerai la famille, je vengerai toute la nation humiliée et désolée. Ne pleure pas ma petite. Tu sais bien que je n'ai jamais pensé dans ma vie faire l'armée, tu me disais toujours que tu serais juriste pour défendre la cause des faibles, et moi je te disais que je serais pilote d'avion. Tu comprends bien que sans compter les événements inattendus de la vie, je me retrouve donc ici pour punir nos bourreaux. Nous y arriverons j'en suis sûr. Ne te décourage pas, travaille beaucoup, prend au sérieux tes études, le monde qui vient a besoin des jeunes utiles à la société. Ne sois donc pas inutile. C'est parce qu'on nous a provoqués que je suis ici, mais je retournerai et le monde aura la satisfaction de comprendre qu'on ne peut pas tuer un Père et que le fils croise les bras, qu'on ne peut pas se taire quand on vous touche injustement dans l'œil et que quand on se tait pour certaines provocations, ce n'est pas par peur ou par naïveté, mais c'est par souci de trouver l'harmonie par le dialogue et la tolérance. Je ne voudrai pas être naïf, car je le regretterai toute ma vie. Courage, ma petite, tiens bon et sois sage. Quand je pense à

Maman, j'ai envie de pleurer. Prends soin d'elle, je pense, chaque jour à toi et à notre petit frère. Ce sera une immense joie le jour où on se reverra.

Je t'aime ma chérie Pierrine

À très bientôt :

Bien à toi Espoir

Bebeto referma la lettre, il n'y avait pas d'enveloppe. Il l'a baisé comme s'il s'agissait réellement de sa petite sœur Pierrine puis me l'a tendu. Il m'a fixé, et j'ai vu les larmes chaudes couler sur ses joues. C'était la première fois que je voyais Espoir pleurer depuis que nous étions au Q.G des combattants révolutionnaires. J'ai aussi fondu en larmes et nous nous sommes embrassés.

LE RETOUR DU VAINCU

Nous avons marché depuis 3 h du matin. Nous étions escortés par dix enfants soldats sans armes, ils connaissaient le chemin. L'ombre de la nuit ne s'était pas encore entièrement dissipée, ces enfants soldats, compagnons de Bebeto étaient très agiles et souples. Ils maîtrisaient bien le chemin même s'ils avaient des colis sur leurs têtes. Nous avons marché jusqu'à 12 h pour atteindre le village de Musenge, une camionnette blanche de marque Toyota, double cabine nous attendait. Nous avons embarqué en direction de Bukavu et les enfants soldats sont rentrés. Sur la route avant d'arriver à Hombo, nous avons rencontré beaucoup de gens fouillant l'avancée d'une milice depuis les collines avoisinantes. Ils étaient très fatigués, ils avaient marché depuis trois jours de village à village. Nous nous sommes arrêtés pour leur demander de quoi il s'agissait. Ils nous ont expliqué qu'une milice armée avait pris position sur tous les villages avoisinants et que nous devions nous-mêmes faire attention, car ils étaient embusqués à moins de deux Kilomètres. Ils n'hésitent pas à tuer et à violer nous ont-ils dit. Mes compagnons n'ont manifesté aucune inquiétude. Je suivais le récit des compatriotes en détresse. Ces infortunés étaient dans cet état depuis plus de 15 ans. Ils sont en errance dans la forêt fouillant les différentes milices armées avec leurs tracasseries. Ils sont comme des condamnés à mort qui demandent l'ajournement de la date de leur exécution. Ceux qui ne mouraient pas d'une balle dans la tête mouraient des maladies, de faim ou du froid. Ils ne savaient pas à quel *saint* se vouer. Je me suis du coup rappelé que moi-même j'étais un orphelin de père. Papa Bendera Cihugo venait d'être tué cruellement par des hommes en uniforme et armés, non autrement identifiés. J'ai pleuré le jour de sa mort, j'ai pleuré à la mort de mon oncle le père d'Espoir qui a succombé d'une crise cardiaque au vu de l'humiliation de sa femme et de sa fille. Je viens de rencontrer encore d'autres compatriotes qui pleurent et qui errent dans la forêt et sur les montagnes fouillant la barbarie de plus en plus tolérée. Il ne nous reste que des pleurs et des lamentations nuit et jour. C'est le prophète Jérémie qui l'exprime en ces termes :

« Les anciens ont déserté la porte,

Les jeunes gens ont cessé la musique,

La joie a disparu de notre cœur,

Notre danse s'est changée en deuil,

La couronne de notre tête est tombée »

Pendant qu'on suivait le récit émouvant de ces infortunés compatriotes, deux Jeeps blanches surmontées des longues antennes sont venues. Les occupants étaient des blancs en tenue militaire. Ils se sont arrêtés et nous ont salués. En saluant les autres compatriotes, personne n'a répondu. Il y en a qui pleuraient et d'autres étaient complètement fatigués.

- Que se passe-t-il ? continua un occupant de l'une des jeeps.
- Qui êtes-vous ? demanda à son tour, un vieux papa infortuné
- Nous sommes *les observateurs entre les positions* : le vieux Papa s'est mis à raconter leur épopée. Parmi eux, il y en a qui venaient de Shabunda, d'autres de Masisi, d'autres encore de Numbi et d'autres des villages plus proches. Tous fouillaient les groupes armés qui faisaient la loi dans cette partie du pays. Ils voulaient atteindre Walikale puis descendre sur Goma et voir s'ils seront pris en charge par *des organismes humanitaires* ou être rapatriés chacun dans son village d'origine. Non loin d'ici, ajouta le vieux, nous avons rencontré des hommes lourdement armés. Ils ont tué certains d'entre nous et violé beaucoup de femmes, c'est triste. Notre lendemain devient de plus en plus incertain. Nous allons certes mourir. Néanmoins, nous devons nous sauver avant de mourir. Monsieur Moses qui était le chef du convoi de ces deux Jeeps

blanches s'est mis à rassurer le groupe : courage, je sais qu'il ne vous arrivera rien de mal. Et si un malheur causé par ces hommes armés vous arrivait, je vous assure que je vais le dénoncer à la face du monde. Tous les grands médias vont en parler, car de telles violations des droits de l'homme ne peuvent passer sous silence. Courage, nous avons déjà pris les images ne vous inquiétez pas. Mr Moses reprit place à bord de la Jeep et les deux Jeeps partirent en vive allure. Notre chauffeur a aussi démarré notre camionnette et nous sommes partis. Après avoir roulé pendant 30 minutes, nous sommes arrivés à l'endroit. Des hommes lourdement armés et portant des uniformes neufs de l'armée loyale. Qui sont-ils ? Une milice ? L'armée loyale ? Les invités ? Je ne le saurai jamais. Dans notre camionnette personne n'avait manifesté de signe de panique, les deux Jeeps blanches stationnent aussi au même endroit. J'ai semblé voir que Monsieur Moses causait gentiment avec les hommes armés. Les occupants de notre camionnette échangeaient aussi avec les hommes armés. Je suis tombé dans la confusion, il n'y avait pas longtemps on nous avait dit que ces gens venaient de commettre de graves atrocités, d'où venait cette familiarité ? Je ne pouvais pas trouver de réponse à cette question. J'ai vu un moment qu'ils se parlaient à l'oreille en se tapotant les épaules. Il y a eu un grand mouvement de va-et-vient. Tous les occupants de notre camionnette le connaissant bien. J'entendis dans la foulée, le nom de Babel. C'est donc l'homme chez qui on m'a recommandé à Walikale.

Après un temps, des colis sont venus d'une cachette, à peu près 15 sacs de cassitérite et 10 sacs de coltan ont été chargés dans la camionnette puis couverts par une bâche. J'ai vu aussi un carton de médicaments sortir de la camionnette, deux autres de boîtes à sardine et une enveloppe remise aux hommes armés. Nous avons démarré derrière les Jeeps blanches et sommes partis en toute vitesse.

Il était vers 16 h quand nous avons quitté ce lieu. Tandis que les hommes armés regagnaient la brousse. Nous sommes entrés dans la ville de Bukavu vers minuit trente minutes et Babel m'a proposé de passer la nuit dans un hôtel pour éviter l'insécurité nocturne. Après avoir mangé et bu la bière, chacun s'est retiré dans sa chambre. Je n'arrivais pas à trouver le sommeil. Mon cœur et ma tête étaient chargés de pensées. La mort de Papa revenait toujours, car c'est l'événement déclencheur de notre malheur, la vie au Q.G, la lettre de Bebeto à Pierrine… si papa Bendera Cihugo était en vie, je ne serais pas perdu dans la forêt, otage d'une milice incontrôlée. Présentement je suis en ville, j'aurais voulu y rester, mais hélas, mon cher cousin Espoir y est encore. Je dois donc y rentrer, sinon il y va de sa vie.

Babel et moi-même sommes allés à Labotte. J'étais très content de revoir ce vaste enclos du comptoir INTERSOL. Tous les agents du comptoir m'ont accueilli avec beaucoup de chaleur amicale. J'étais très content de les retrouver. Le directeur m'a reçu avec beaucoup de joie. Félicitation Igulu, tu es brave, c'est comme ça qu'on réussit la vie en se risquant. Il est sorti un peu faire un tour pour voir les produits amenés. Dan était tout joyeux de ce butin Dieu seul sait obtenu à quel prix. Dans son bureau, il m'a tendu une enveloppe contenant 500 $ américains en précisant : tu n'as qu'un jour chez toi, car demain tu devras te rendre à Bisie près de Walikale où nos stocks de cassitérite traînent. Il nous faut les évacuer, car bientôt il y aura des mesures défavorables à nos activités. Sur son ordre, le chauffeur est allé me déposer à la maison.

C'était une grande explosion de joie qu'il y a eu dans la maison à mon arrivée. Maman m'a fortement embrassé. Fikiri criait de joie en me serrant très fortement. Pierrine est venu en courant pour se jeter dans mes bras, sa maman fit de même, c'était le comble de la joie. Pierrine n'a pas traîné à poser la question : où est Espoir mon grand frère ?

Je devais vite les rassurer pour ne pas gâcher la fête. Il se porte très bien, nous reviendrons avec lui au second tour. Pierrine m'a semblé dubitative. Je lui ai demandé de me croire, il t'a même écrit. Alors je l'ai vue très rassurée. Maman avait brièvement disparu. Elle est réapparue avec un bol de foufou rouge. C'est celui fait de la farine de sorgho. Elle l'a accompagné des fretins du lac Kivu localement appelé Sambaza. J'ai mangé avec beaucoup d'appétits, bien que du fond de mon cœur ma pensée était tournée vers Espoir.

J'ai expliqué à la famille que je devais rentrer le lendemain et pour les rassurer j'ai ajouté que je reviendrai prochainement avec Espoir. Tous m'ont compris. J'en ai profité pour tenir un conseil familial en la réorganisant un peu grâce à l'argent que Monsieur Dan m'avait donné. Maman vendait désormais la braise. J'ai ajouté quelque chose à son capital. J'ai payé tous les frais scolaires de tout le monde. J'ai invité tous les enfants au respect à la maman et à celle de Bebeto. Désormais dans la maison il y avait deux veuves et sept orphelins. J'ai interdit à tout le monde de se rendre encore à Mugogo dans notre domaine familial, car l'insécurité y régnait. J'ai exhorté maman à ne plus faire de lourds travaux comme le transport de sacs des sables au port. Nous avions encore besoin d'elle qu'il fallait la protéger. Enfin j'ai invité tous les enfants au travail en insistant surtout sur Fikiri et Pierrine qui étaient comme les aînés à mon absence et à celle d'Espoir.

En effet, Espoir et Pierrine s'aimaient beaucoup, ils étaient liés l'un à l'autre. La mort inopinée de leur Papa a encore consolidé cette affection fraternelle qui consolait leur maman. Prenez au sérieux vos études, ne soyez pas distraits par les réalités du monde présent, surtout quand elles ne véhiculent que les antivaleurs et l'immoralité. Soyez des jeunes intègres dans votre conduite, rivalisez dans les valeurs. Sachez toujours surmonter les épreuves en travaillant durement. Gagnez votre vie par des moyens justes, loyaux et honnêtes. Après l'échange familial, nous avons prié et médité la parole de Dieu, puis chacun s'est retiré en chambre pour dormir.

Pierine vint dans ma chambre chercher sa lettre. Je suis impatiente de lire mon grand-frère. Elle s'est assise sur mon lit et a commencé à lire calmement la lettre de Bebeto. Quand elle eut fini la lecture, elle la serra sur son cœur et pleura. Je l'ai consolée en lui disant que la fête sera grande au retour de Bebeto. Qui est Bebeto ? demanda-t-elle. Espoir est devenu Bebeto, car il est très sympathique envers tout le monde là-bas et tous l'aiment. En attendant cela, Pierrine a souri, puis elle est partie.

Après 1 heure de vol, nous avons atterri à l'aéroport de Kilambo à Walikale. Babel m'avait déjà dit qu'un groupe de jeunes devait quitter Bangi pour Bisie, car c'est là qu'il fallait intensifier les activités. Bebeto était du nombre. Nous avons directement pris le chemin de Bisie. Nous avons marché entre les herbes hautes et de gros arbres. J'étais inondé de sueur, car il faisait très chaud, les lianes et les branchages nous bloquaient le passage. En face de nous en pleine forêt, nous avons trouvé des cratères qui perçaient la colline. Le fond des trous était remué, pioché et creusé par des groupes des jeunes et d'enfants vêtus juste d'un caleçon sur leurs corps. Il était difficile de reconnaître quelqu'un sans s'en approcher. C'était des jeunes gens pour la plupart de moins de 18 ans. J'ai vu de mes yeux un monde perdu et oublié.

La carrière de Bangi n'a pas de commune mesure avec celle-ci qui est de loin plus grande que la première. Les mineurs descendaient à tour de rôle dans les puits, ils y entraient avec des torches fixées au front. Pendant que Cigolo inspectait le travail, la quantité stockée, je contemplais ce spectacle déshumanisant où se mourraient de jeunes gens au-delà des règles de civilisation et des sociétés. J'ai vraiment vu l'horreur de mes yeux.

Sur la colline de Bisie, il y a des journalistes, des militaires, des commerçants, des femmes libres, des fonctionnaires de l'état des curieux, bref c'est tout un monde perdu et oublié. Pendant que je contournais la colline, j'ai vu un groupe de jeunes mineurs tous âgés de moins de 18 ans qui perçaient le flanc de la colline avec de gros marteaux, des burins et des bêches. Grand frère Igo bonjour ! C'est le petit Cherif surnommé Ranger qui m'a aperçu. J'ai bien regardé j'ai vu que Bebeto était du groupe. Tous ont accouru vers moi et m'ont salué.

J'ai failli pleurer, mais j'ai retenu mes larmes. Il a voulu savoir si Pierrine a réagi à la lettre. Je lui ai dit qu'il n'était pas possible, car je n'avais qu'une nuit pour voyager de nouveau. Bebeto me raconta comment ils ont reçu l'ordre du commandant Dracula de rejoindre le plus vite possible la colline de Bisie. Nous avons marché durant deux jours depuis Bangi jusqu'ici, il nous a dit qu'il fallait beaucoup d'argent et des moyens pour libérer la nation. Je lisais l'innocence dans ses propos. Pauvre Espoir aux fleurs de sa vie, le voici sur des chemins sans issue.

J'ai salué encore tous les autres copains de Bebeto, il y avait Kevin, Omar surnommé Van Dame, Jonathan. Alain Steeve et Cherif. Le plus grand parmi eux avait 16 ans. Après avoir blagué un peu avec eux, ils ont disparu dans le puits pour creuser. Chacun devait produire au moins 50Kg de cassitérite par jour. C'est ça la bravoure, c'est ça être un enfant soldat qui veut sauver sa nation. La libération viendra par vous, chers combattants, disait le commandant Dracula. Vous êtes l'avenir de l'Afrique. Ô méchante Génération contemporaine. Ces enfants que les adultes par leur égoïsme forcent à déserter le banc de l'école pour aller les engouffrer dans des puits de minerais et les tromper qu'ils seraient utiles à l'Afrique. Quelle est cette Afrique qui veut être libérée par les enfants drogués, trompés et désorientés par la cupidité d'une poignée des menteurs et avides du pouvoir ?

Une race de gens vieillis dans le mensonge, le vol et l'égoïsme. Une bande de vautours qui sacrifie toute une génération pour leurs propres intérêts. Pendant ce temps, Babel avait commencé à organiser le transport des produits vers l'aérodrome. Vers 13 h, j'ai vu les enfants remonter avec des quantités suffisantes de minerais. Bebeto était très content et souriant du travail réalisé. Tous se sont dirigés vers un petit restaurant où ils ont commandé du riz au haricot. Ils mangeaient en bavardant en se taquinant mutuellement. J'ai pris Bebeto à côté et je lui ai annoncé mon voyage pour Goma en vue de convoyer la première cargaison d'INTER SOL et que je rentrerai le lendemain. Il a gardé silence pour un temps, puis il a ajouté : grand frère Igo ! Nous nous en sortirons, prends soin de toi. J'ai répondu merci et j'ai ajouté : prend soin de toi aussi. Nous nous sommes embrassés. Il m'a regardé puis il a dit : à très bientôt.

QUE VOS ÂMES REPOSENT EN PAIX CHERS ENFANTS

À Goma je suis allé à l'hôtel pour que j'embarque le lendemain de nouveau pour Walikale, j'étais un peu fatigué et j'ai décidé de coucher tôt. J'ai fait une succession de cauchemar. J'ai vu que je tenais un enfant entre mes mains. Je l'aimais tellement, un rapace pareil à un aigle vint brusquement arracher cet enfant entre mes mains. L'oiseau avait des griefs très longs comme des couteaux, il me l'arracha violemment malgré les tentatives de résistance qui étaient vaines. L'enfant criait papa, papa, c'était trop tard, l'oiseau avait déjà pris de l'envol. Je me suis réveillé et j'ai senti mes jambes trembler et tout mon corps transpirer.

De nouveau en plein sommeil, j'ai rêvé que nous étions à bord d'un avion en direction de Kisangani. Nous avons survolé la forêt et l'avion a percuté un arbre, c'était l'accident. J'étais le seul survivant et je me suis perdu dans la forêt. L'oiseau a survolé de nouveau au-dessus des arbres. J'ai tremblé de peur, l'oiseau s'est posé à quelques mètres de moi. J'étais grièvement blessé et je n'avais aucune force ni pour fuir ni pour me défendre. L'oiseau dans sa forme terrifiante tenait à son bec un paquet. Il le déposa par terre et me dit : « j'ai vu que tu es le rescapé d'un grand accident, et je me suis résolu de t'aider avec ce chocolat, il a avancé et l'a déposé devant moi puis s'est envolé. Je me suis réveillé en sursaut en criant au secours ! Au secours !

Il était 2 h du matin sur ma montre. Je tremblais de peur, je me suis rappelé le cauchemar que j'avais fait la nuit fatidique. Cette nuit où mon père fut tué, et j'ai eu l'idée que tout allait de nouveau recommencer. Le vol était prévu à 8 h pour Walikale et je me demandais s'il ne fallait pas annuler mon vol et démissionner à INTER SOL. J'ai pris mon téléphone pour appeler Fikiri cette nuit afin de me rassurer si tout allait bien en famille. Il m'a confirmé que tout était bien en famille. Par contre, il a voulu savoir si de mon côté j'allais aussi bien et je lui ai rassuré que tout allait bien. Je me suis résolu de ne pas changer mon programme, car je ne savais pas interpréter ce rêve. J'ai eu seulement peur et j'ai fait l'insomnie jusqu'au matin.

À 9 h notre avion. Un Antonov russe piloté par des Ukrainiens s'est posé à l'aérodrome de Kilambo. Vers 17 h j'étais déjà à Bisie, car le lendemain matin il y avait encore d'autres rotations qu'on devait faire. J'ai trouvé Babel en train de passer en revue les sacs chargés la journée. Il était très content au regard de ces sacs blancs rangés dans un vieux hangar. Tu vois ? me dit-il. Ils sont braves ces jeunes gens, ils ont abattu un grand travail.

Une bonne partie est déjà à Kilambo, demain matin, il faudra la convoyer à Goma. Monsieur Dan sera très content. Tôt le matin les activités avaient déjà repris dans les mines. J'ai croisé Bebeto qui voulait descendre dans le puits, il m'a dit qu'on causerait après, car il voulait un peu profiter des énergies matinales. A tout à l'heure grand frère Igulu. Nous nous sommes mis à organiser le transport de sacs chargés, il fallait payer les porteurs. Chacun d'eux devait mettre au moins 50kilos sur sa tête. Ils étaient des dizaines. L'opération devait prendre un peu de temps, mais nous devions absolument partir pour Goma avec la cargaison. Quelque chose se passe.

On a entendu un grand bruit sourd très fort. Que se passe-t-il ? ai-je demandé à Babel. Je n'en sais rien, a-t-il répondu. Les gens ont accouru de tout côté vers les puits. J'ai accouru aussi sans savoir où j'allais précisément. Les gens s'approchaient des puits en appelant les leurs qui étaient dedans. J'ai contourné la colline comme faisait tout le monde. J'ai vu un attroupement à l'entrée de la nouvelle galerie. Elle était bouchée par la chute d'une grosse pierre qui a provoqué un éboulement dans les galeries. Je ne crois pas mes yeux. C'est la galerie par où sont entrés nos mineurs.

La situation est catastrophique cria un grand habitué de Bisie. Les mineurs y sont pris prisonniers en montrant la mine, il y a des gens là-dessous. "Quoi ?" avais-je crié. Oui ! Une vingtaine de mineurs sont pris prisonniers dedans. Que faut-il faire ? Le monsieur me répondit : tiens-toi tranquille ça arrive souvent ici et il n'y a pas d'équipe de secours ici.

J'étais perdu, ne sachant pas quoi faire exactement. Le commandant de poste de la police est arrivé sur le lieu. Je l'ai suivi en indiquant le lieu du drame croyant qu'il avait une solution. Le responsable de la colline est venu aussi et a confirmé au commandant qu'il y avait quelques gamins et une dizaine d'autres mineurs. Le commandant prenait note dans un vieux bloc note. Ceux qui connaissaient les leurs qui y étaient tous dans l'émoi. Je me suis tourné vers Babel. S'il vous plaît faites quelque chose grand frère ! Agissez !

Il hocha la tête comme pour dire qu'il n'y pouvait rien. Puis il indiqua la montre, nous sommes largement en retard, dit-il. Il n'est pas question pour moi de partir, car je ne peux pas laisser Espoir périr dans cette jungle. En réalité je n'avais aucun moyen de secours, aucune solution. Tous les habitués du milieu ont commencé à se retirer un à un. La caravane de nos porteurs était déjà en marché. Quel drame ! Une nouvelle odyssée venait de commencer pour moi. Sois un homme, Igo, sois fort, ne pleure pas comme une femme me dit Babel

Je me suis tourné vers lui en disant : et ces gamins enterrés ? Il m'a répondu calmement : c'est fini. Pressons les pas pour sécuriser la cargaison en route, sachez que si Monsieur Dan William constate que nous avons perdu ses minerais, nous aurons un problème très sérieux, nous devons partir vite. Quoi ? Le minerai perdu et les gamins tués, y a-t-il une commune mesure ? avais-je tonné. Tu ne comprends rien, m'a-t-il répondu. Il a pris son sac à dos et s'est mis en route. Je suis resté perplexe, je crois même que j'ai perdu la connaissance, je pleurais amèrement.

Bebeto mon frère ! Que dirai-je à la famille ?

Que dirai-je à Pierrine ? Que deviendra maman ?

Qu'est-ce tu me fais ? Bebeto

Pourquoi ai-je accepté cette mission lointaine et si risquée ? Bebeto, tu m'as trahi ! Si au moins tu avais une sépulture, la famille viendrait te rendre hommage. Pauvres gamins, c'est ici dans ces puits que vient s'arrêter le rêve de votre vie ? C'est dans ces puits que vient se concrétiser le sacrifice pour la nation ? Pendant que je pleurais et me lamentais devant la galerie bouchée, les autres mineurs rescapés d'autres puits sont venus me supplier de partir, car notre guide était parti depuis longtemps.

Que fallait-il faire ? Que fallait-il laisser en mémoire pour ces gamins infortunés qui n'ont laissé ni vœux ni testament ? Qui n'ont eu droit ni au deuil ni à la sépulture ? J'ai planté une fleur devant la galerie. Dieu seul sait si elle poussera un jour. Pendant que je m'inclinais en pleurant sur ce lieu, les paroles d'André Chénier me sont venues à l'esprit. J'ai pris un crayon dans mon sac et j'ai écrit sur un rocher d'à côté :

- *Avant le soir j'ai fini ma journée,*
- *À peine ouverte au jour ma rose s'est desséchée,*
- *La vie eut bien pour moi de volages douceurs,*
- *Je les goûtais à peine et voilà que je meurs.*

Mon deuil pour Espoir devenu Bebeto et ses compagnons était fini. J'ai pressé les pas pour rejoindre la caravane de porteurs de minerais qui pour moi n'était qu'une caravane d'esclaves chantant la gloire de leur malheur.

Nous étions unis par la calamité, prisonniers de nos consciences et de nos libertés. Nous étions des victimes incapables de s'indigner contre notre sort.

Tout au long de la route, je pleurais, j'avais l'obligation de chérir la mémoire de Bebeto et ses compagnons toute ma vie. J'avais honte d'avoir survécu là où mes jeunes compagnons ont péri pour une raison qu'eux-mêmes ignorent. Je me sentais coupable de n'avoir rien fait pour les protéger comme il en fut le jour de la disparition de Papa Bendera Cihugo. Voilà que de nouveau le fils Bendera Igulu s'est montré indigne de gloire par son incapacité de défendre les gamins sans protection.

Ils sont nombreux ceux qui sacrifient la vie de pauvres malheureux sans défense pour leur propre bonheur. La sécurité et la garantie vitales de certains ne sont pas pour demain. Car devant cette tragédie, la fête des riches célébrant la mort des pauvres allait commencer.

TABLE DES MATIÈRES

PREFACE 5

ENFIN ! 7

LA FÊTE ENDEUILLÉE 11

ADIEU PAPA 19

L'HÉRITIER INFORTUNE 27

AFFRONTER LA MISÈRE 39

IL N'YA PAS DE SOT MÉTIER 45

I L N'YA PAS DE GUERRE PROPRE............................. 49

S'ENRICHIR A N'IMPORTE QUEL PRIX 55

SUR UNE ROUTE INCERTAINE..................................... 61

PRISONIERS OU LIBÉRATEURS ? 63

LA RENCONTRE DES ÉGARÉS....................................... 69

LE RETOUR DU VAINCU 75

QUE VOS ÂMES REPOSENT EN PAIX CHERS ENFANTS 83

TABLE DES MATIÈRES... 89